施百俊 許華書 盧政良 著

學測物理(上)

科學態度與方法、物質與運動

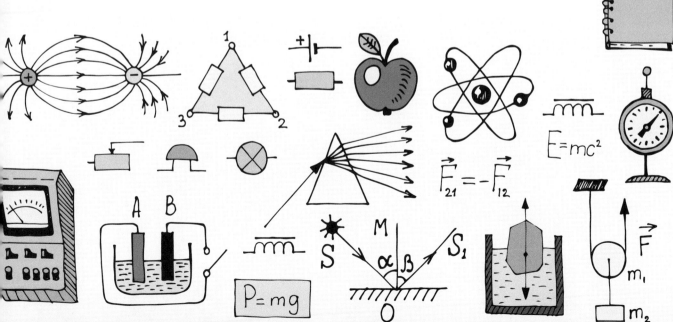

《學測物理》如何服用大補帖？

各位考生大家好：

　　在你服用《學測物理》這帖「大補帖」前，我們（也就是作者群）有幾件事要先讓你知道：

　　首先，這本書既不是老師上課用的「教科書」，也不是一般用來摘要重點、練習解題用的「參考書」，而是一帖「大補帖」（或綜合維他命）。大補帖既無法當飯吃，也不治病，那需要它做什麼？因為自 108 課綱實施以後，大學學測講究「素養導向」命題。這是完全不同於以往的考試方式，你用傳統方法去準備，勢必事倍功半。

　　「素養導向」[1] 的教育理論相當複雜，有興趣的同學可以自行上網去查。簡單來說，就是要「生活化、脈絡化、跨領域」。生活化是指知識要能在日常生活中應用；脈絡化是指必須重視知識的前後一貫與因果關係；跨領域是指知識必須與其他領域知識產生關聯，能夠綜合應用。換成白話文來說就是，課本裡講的是 A（知識），希望學生能夠獲得 B（素養），然後在考試中希望測出大學想要的 C（能力指標）。A > B > C 是個向後包含、越來越小的子集合，可以確實的減輕學生的負擔，讓學生自主學習——這也是 108 課綱 [2] 的崇高教育理念。

1　https://www.naer.edu.tw/ezfiles/0/1000/img/30/101395700.pdf
2　https://www.naer.edu.tw/files/15-1000-14113,c639-1.php?Lang=zh-tw

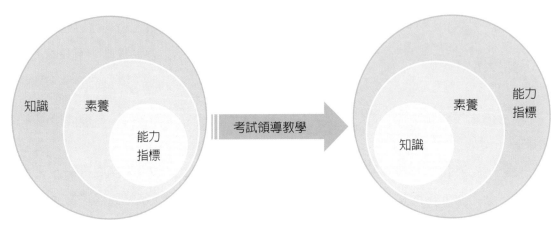

▲ 考試領導教學下的素養導向命題圖

　　然而，隨著課綱在爭議中匆促上路，大學的考招制度也在同步變革。在考試領導教學的臺灣，勢必衝擊每一種科目的學習與教學。「教—學—考」三階段實務上，範圍性的層次關係卻剛好與理論設計相反：知識來自教師在課本（堂）所傳授的「文本」、素養來自學生的「生活」經驗、考題來自命題者的「想像」。而生活的範圍必然大於文本，想像的範圍必然大於生活。A ＜ B ＜ C 卻是一個向前包含、越來越大的母集合。也就是說，如果你光把課堂上所教的 A 學到精熟，你不一定能夠獲得所有的 B 素養；而即使你擁有完整的 B 素養，也不一定能夠應付更複雜的 C 能力測驗。所以，在這幾年的漸進式學測改革過程中，我們會看到許多的題目，根本是課本上、參考書上、命題本上都前所未見的題型；出題範圍也五花八門、上天入地，老實說，用傳統方法——認真上課、讀熟課本、勤做習題——無從準備起。

　　我們三個作者觀察到教學現場的師生充滿「摸著石頭過河」的白老鼠心態，於是想出了「大補帖」這招——這本書除了要提供課本所應有的主要營養素，還要添加日常飲食中無法攝取的獨家配方。並且，在命題本的日常演練以外，還給你健身房的重量訓練——強身健體才是根本。

　　請記得這本書是大補帖，不是日常飲食。一般高中物理教科書（我們比對過三、四家）一定有寫的內容，就不在本書重複了。因此，閱讀本書之前，請務必先掌握課本、課堂上老師所傳授的內容，再拿本書的內容來補充營養。如果可能，要把課本放在旁邊一起讀，效果更佳。

　　其次，你一定要明白，學測既然叫做「學科能力測驗」，就是只考「基本能力」。大考中心希望各大學將學測成績當作入學的「門檻」使用，而不是拿來鑑別學生能力。所以你會看到，近幾年來，臺大、清大等頂尖大學在個人申請階段使用學測成績篩選時，「同燈同分」的人數都很多，導致大學甚至必須舉辦第二輪、甚至第三輪的測驗，才能區分出學生的高下。因此，本書的目標在於幫助你「過門檻」，而不是「拿高分、比人強」（那是指考、分科測驗的目的）。你只要搞好基本素養，打好基礎就行了。在最後一章，我們獨家提供了最新學測試題的分析，以及學習工具箱。只此一家，別無分號。

　　如何搞好基本素養？重點在於「探究與實作」。所有的現象、原理……你都應該要問「為什麼？why?」那就是探究；所有習得的知識，都應該實際操作並在生活中應用，那就是實作。然而不可諱言，探究與實作需要客觀條件的配合，不見得每位同學都有親自應用、動手做的環境（尤其是臺灣城鄉差距大，各校資源也不相同）。於是，

本書也會儘量加入這方面的大補帖──你沒做過沒關係，最起碼我們畫給你看、說給你聽。

再來談考試策略。學測採計科目已經改成「五選四（以下）」──國文、英文、數學、自然、社會，各校系最多只能採計四科。於是在教學現場，我們看到有的同學只願意準備（最多）四科，放棄掉其他一、兩科。那其實是不太明智的策略，為什麼呢？你少一科成績，能選擇的科系就少掉幾百個，真的很可惜。再加上如前段所言，學測只考基本能力，無論你在校是自然組或社會組，大都是高一、高二都已學過的內容。素養導向也有另一個更深的涵義，就是如果已經學會了素養，不太容易忘掉的，不可白不考。從這點出發，本書將盯緊最新高中課綱，強調素養導向、跨領域學習，即使是社會組的同學，也不會害怕物理。

最後要說明的是，本書的三位作者是市面上罕見的奇妙組合：許華書博士是國立屏東大學應用物理學系的教授兼研發長，是具有實際探究實驗經驗的物理科學家。他從大學端招生與命題的專業眼光，來提供主要理論基礎。如果將本書內容比喻成大樹，華書老師就是根本。盧政良博士是高雄中學的王牌物理老師，也可以說是高中物理教學的南霸天。他提供最新的教學方法、教材與素養導向的命題，算是本書的枝幹與花朵。而我施百俊，是國立屏東大學的教授兼教務長，極熟悉大學考招制度的變革。再加上小時候，曾經以物理資優免試保送雄中；大學聯考也考了全國前 1% 進臺大電機。所學橫跨人文社會、商業管理、科技工程，負責提供一些跨領域學習的材料，也可以說是點綴本書的綠葉。我們三人一致有個願望，希望本書能對將要參與大學學測的你有所幫助。

　　一本書的完成非僅作者之功，背後還有數十、數百人的心血與努力。所以，我們想趁此感謝五南圖書出版公司的黃文瓊主編、李敏華責編，還有當初促成本書寫作的陳念祖主編，以及所有辛苦的出版團隊。如果本書受到肯定，全是他們的功勞。如果內容有所疏漏，都是我們作者的責任，請不吝來信告知： bjshih@mail.nptu.edu.tw。

施百俊、許華書、盧政良
2020 於臺灣

目錄 | CONTENTS

01

科學的態度
與方法

• • • • • • • • • • •

「物理」（Physics）是科學的一個分支，屬於自然科學的範疇。根據教育部國語辭典[1]，物理是指「事物的道理」，也就是自然界萬事萬物的因果關係，「why?」

這個定義包山包海，恐怕會嚇著人。我們也沒那麼大的企圖，想在一本小書中，去講萬事萬物的道理。我們所將著墨的物理範圍更小，只限於高中物理（高中生應該懂的物理），甚至小到「學測物理」，也就是大學入學學科測驗所要考的範圍罷了，大致分為：力學、熱學、電磁學、光學與近代物理等五大領域。（這不用背）

這本書以下所有的章節，都會先附上相對應 108 課綱中的主題、次主題與學習內容等說明。請務必先詳細閱讀，以了解學習重點。坊間的許多參考書都忽略了這件事，以至於同學很容易搞錯學習重點（標錯重點）。比如，在 1-1 中，課綱很明確的告訴你要搞懂「理性」、「客觀」……這幾個觀念，「避免單純以條列的方式來呈現物理史……。」我們卻沒看見坊間相關參考書用這個方式寫的。因此，我們將會逐條補足這個部分。

接著，是內容主文。我們儘量以「簡要淺白」的文字說明該章節的主要內容；再穿插一些問題讓同學思考，避免單向的灌輸。大部分的思考問題都是素養導向題型，有「參考」解答，不一定有標準答案。因為素養導向的學習，就是要培養解決開放式問題的能力，沒辦法建立一個蘿蔔、一個坑的 SOP（Standard Operation Procedure）標準作業流程。

最後，還會有跨領域學習的小主題方塊，連結人文、社會、管理、生物、哲學、歷史……領域，供同學橫向學習。期待大家都能應付學測物理的挑戰。

1　《教育部國語辭典》http://dict.revised.moe.edu.tw，查「物理」。

好吧，那我們就開始吧！

1-1　科學的態度與方法

本節對應課綱			
主題	次主題	學習內容	學習內容說明
科學、科技、社會及人文（M）	科學在生活中的應用（Mc）	PMc-Vc-3 科學的態度與方法。	3-1 介紹科學家面對問題時，所持思考方式與態度，例如：理性、客觀、好奇心、避免妄下決斷等。 3-3 說明現代世界經常面對跨學科的挑戰，並非侷限於單一學科的探究。 ・避免單純以條列的方式來呈現物理史：可藉由幾位關鍵物理學家的貢獻，來說明物理是實驗與理論相輔相成的學問，以及其與人類文明發展的關係。

本節所對應課綱中可有的學習表現：

ah-Vc-1　了解科學知識是人們理解現象的一種解釋，但不是唯一的解釋。

an-Vc-1　了解科學探究過程採用多種方法、工具和技術，經由不同面向的證據支持特定的解釋，以增強科學論點的有效性。

ah-Vc-2　對日常生活中所獲得的科學資訊抱持批判的態度，審慎檢視其真實性與可信度。

an-Vc-2　了解科學的認知方式講求經驗證據性、合乎邏輯性、存疑和反覆檢視。

　　「科學」一詞源自拉丁文「Scientia」，意為「知識」。「是一種系統性的知識體系……強調預測結果的具體性和可證偽性……科學也不等同於尋求絕對無誤的真理，而是在現有基礎上，摸索式地不斷接近真理。」[2] 這段定義中有四個重點：

1. 科學是一種系統性的知識體系，互有關聯，而不是零散的知識。比如說，「蘋果從樹上往下掉」、「潮起潮落」和「月亮繞著地球跑」，可以用同一套運動力學解釋（系統化），而且互相有關聯。

2. 科學要具體化，不只是空泛的、抽象的論證。它論述具體存在的事物，並且有「可操作性」。比如說，科學不談鬼神，因為沒有具體證據證明其存在。科學也不處理抽象的哲學問題，比如，「我思故我在」。

3. 科學要有「可證偽性」。這一點解釋起來比較複雜，各種科學哲學的論證也沒有定論。簡單的說，一個科學理論要能被科學社群所接受，前提是必須能被證明是錯誤的。

4. 最後一點和可證偽性相關，科學不等於絕對無誤的「真理」，而是一個探究、接近的過程。反過來說，那些聲稱不可被推翻、永恆為真、「只要信，不要怕」的真理，不能算是科學。

　　科學追求自然的真理，但並非人人都需要成為科學家。在基礎物理學習中，必須從對物理的發展及內容中，學習到科學的態度與方法，來了解科學是不斷的如何進展及修正，來讓人們理解理應不變的自然法則，以及因應變動快速的社會發展，並且領

2　維基百科：科學。以下從維基百科 https://zh.wikipedia.org/ 所查詢、引用的內容，都比照這個方式標示。

悟到現有科學發展的限制及合理的應用科學知識。

具體而言，科學的態度與方法包含以下幾項：理性、客觀、好奇心、避免妄下決斷等，一一說明如下：

理性（Rationality）是指人類能夠運用理智的能力[3]。相對於感性（Sensibility）直接經由感官產生感覺與情緒，理性注重以審慎的態度，根據公認的邏輯（Logic）規則，推理出合理的結論。

「避免妄下決斷」也是理性運作的結果。現代年輕人有個遊戲術語叫做「腦衝」，只憑一時衝動來行事，很容易招致不良的後果。遇到問題，必須運用理性，詳究其前因後果，才能做出合理的決策。

客觀（Objective）則是指從不同觀點或角度來思考或判斷某件事物的合理性[4]。相對於主觀（Subjective）以自身為出發點來思考或判斷事物，客觀性著重「換個角度看世界」。

好奇（Curiosity）或是好奇心是對新的事物有興趣，會想要探索、研究及學習的特質[5]。一般認為，好奇心隨著年紀漸增而減退。但人類社會中也有少數人，始終對新事物感到好奇，那些人就是推動歷史最重要的動力，其中包括發明家、藝術家，還有科學家。

美國科學促進學會（American Association for the Advancement of Science,

---

3   維基百科：理性。
4   維基百科：客觀。
5   維基百科：好奇。

AAAS）對於二十一世紀所需科學素養提出定義[6]，範圍並非只限單一領域，必須包含數學、技術、自然科學、社會科學等科目的科學素養及態度：

1. 熟悉自然世界並同時理解其多樣性及統一性。
2. 了解科學中關鍵的概念及原理。
3. 能理解數學、科技、科學不同學科間的依存性。
4. 知道科學、數學、科技是人類發展的結果，並理解其可應用和限制之處。
5. 具備科學方式思考的能力。
6. 能應用科學知識及思考方式於個人及社會目的。

　　另一方面，也希望大家了解幾個科學的本質及探究的過程[7]：

1. 暫時性：從物理學發展中了解變動中的科學知識與認知。
2. 經驗性：從重要的實驗中了解以觀察經驗為主的科學發展。
3. 理論的建構：從物理學發展中，理解科學知識建構的過程依探究實作得到觀察來做推論，包括個人觀念、創造思考。
4. 個人主觀與創造性：科學知識包含人類的推論、想像力和創造力。
5. 社會性：從物理學發展中理解知識的建構，需得到社群的認同。

　　基礎物理課程也希望從科學發展史上探究實作過程的實驗設計，來引領大家學

6　http://www.project2061.org/publications/articles/2061/sfaasum.htm
7　王靜如（2001），〈小學教師科學本質概念及教學之研究〉，《科學教育學刊》 2001 年第九卷第二期，p. 200。

習。科學方法可以是[8]：

1. 進行觀察

2. 提出假說

3. 實驗驗證

4. 成果發表

5. 分享／確認可重複性

　　而科學態度則體現在客觀、虛心、誠實、好奇心、延緩判斷、批判評鑑與適當懷疑等[9]，對科學態度的定義也會隨著時代而改變。

（以上均不用背）

　　不論從古典物理或近代物理的發展史中，都可以不斷看到科學家們秉持科學態度，運用科學方法，增進社會大眾對自然的理解；更進一步，跨出自然科學的領域，促使社會獲得新的發展。甚至，相關的進步還能回饋到自然科學的領域，形成正向循環。試舉兩例：

1. 近期人工智慧、物聯網甚至是量子電腦等資訊科技的進步，皆不只牽涉到資訊軟硬體（軟體是數學、邏輯等形式科學，而硬體是電子電路、電磁學），也牽涉到能源的議題（熱力學的框架）──為了使資訊運算能迅速且有效率，將會

8　維基百科：科學方法。

9　Google：科學態度（國家教育研究院），以下從搜尋引擎所查詢、引用的內容，都比照這個方式標示。

　需要大量的能源，或開發新型的節能電子元件。

2. 目前推展的再生能源，如太陽光電能、風力發電等，不單純只是能源議題。若放大眼光，檢視周遭環境與生態，就會發現太陽光電會有侵占可耕地的問題、廢料汙染環境的問題；而風電會影響鳥類、魚類移動，也會產生影響人類生活的低頻噪音。因此，在設計上，就要考慮如何對環境友善（Environment-Friendly），才能夠稱為真正的綠色能源。

　這些問題的回答都需要透過前述所提的科學態度及科學方法，做出審慎的評估。

跨領域素養 ▶▶ 人文、信仰與偽科學

　漢名「司馬賀」的美籍科學家赫伯・西蒙（Herbert Alexander Simon）是位不世出的跨領域奇才。他的研究領域涉及認知心理學、計算機科學、公共行政、經濟學、管理學和科學哲學等多個方向，除了諾貝爾經濟學獎以外，還拿過電腦學界的最高榮譽圖靈（Turing Award）獎，在「軟」科學（心理、社會……學科）和「硬」科學（數學、自然科學……學科）同時都達到最高的成就。所以要是有人說「跨領域」代表「樣樣會、樣樣鬆」，你可以問他：「有沒有聽過司馬賀先生的大名？」

　就用司馬賀提出的論點，來為這本書的跨領域素養開頭。他說，這世界上只有四門重要的學問（問題）[10]：

　一、宇宙的起源為何？

　二、物質的起源為何？

10　《心智探奇》，p. 001。

三、生命的本質為何？

四、心智的本質為何？

第一個問題是屬於物理學／宇宙學的範疇；第二個問題則屬於物理學、化學的範疇；第三個問題比較複雜，在硬體的部分屬於生物學；而軟體的部分屬於哲學；最後一個問題，是我們學物理的人最不熟悉的，屬於心理學、哲學、宗教等人文學科的領域。

我們可以發現，四大問題中，物理學就處理兩個（以上），可見說它是用來理解這個世界最重要的學問也不為過。如果就以上的分類而言，我們可以更精準地說，物理學所探討的主要是在「無生命物質世界中，各種不涉及化學反應的自然現象。」

在這定義中，「物質世界」不是指物理學上的「物質世界」。因為，物理學也處理「非物質」（如能量、反物質、波動等）。而是指對立於「精神世界」（亦即所謂人類心靈世界）的學問，也就是司馬賀所說第四個問題的學問。

這類學問有個籠統的稱呼，叫做「人文學科」；簡稱為「人文」（Humanities）。在中文中，「人文」一詞最早出現在《易經》中的賁卦：「觀乎天文以察時變；觀乎人文以化成天下。」天文大概指的是自然的道理；人文就是文明、道德、文化等人間的道理。要是一個人擁有這方面的知識、態度與能力，我們會說他／她很有「人文素養」。比如，寫文章時會記得用「他／她」這類去性別代名詞，就是有性別平等意識的人文素養。（不過，為了行文的方便，接下來就直接用「他」了喔！）

人文學科的中心理念是「人文主義」（Humanism），是以觀察、分析及理性批

判來探討人類情感、道德和理智的各門學科（人類學、科學、哲學、宗教、文學、藝術、歷史、語言學等）與知識的總稱[11]。不知道同學有沒有發現，那和本節所探討的科學方法，有著根本上的不同？

　　科學方法講究「驗證」；人文學科卻強調「批判」，甚至在藝術學門裡還會強調直觀與感性。說白話文，科學家提出理論，別人會拿來驗證看看，能越客觀就越好；而人文學者提出理論，要求的是別人的感受與道德判斷，常常是主觀的。舉個例子，比如說你看見「鬼」了（觀察），如果你接下來採取的方法是作假設、提出理論：「鬼是室內外空氣溫差太大，霧氣凝結產生的短暫現象。」然後接受別人在相同的條件下作實驗來驗證。無論別人是不是也能見鬼，那麼，我們可以說你採用的是科學方法，你是個科學家。如果你接下來所提出的是：「做虧心事才會見鬼」（道德批判）、「鬼看起來真的好可怕！」（訴諸感性），那麼，你無法算是科學家。

　　我們必須強調，主觀或客觀並不是用來判斷學科「好壞」的標準。（在人文領域裡，這類「二元對立」的說法，甚至不太受歡迎呢！）我的建議是，同學們上物理課、考物理，就要完全依循科學方法；若是上美術、音樂或看電影，就用「心」好好感受（批判一番也無妨啦！）

　　「心」這個在人文學科常用的概念，大約是指人的內在思想、感情、人類精神，是與外在物質世界對立的概念；也常常和心理學裡的「心理」混淆。在國文課、歷史課裡，一定有看過古時候文人提出「心物一元」、「心物二元」、「唯心論」……，基本上，物理就只講物理，純粹討論物質世界，完全「唯物」，不談心。對嚴肅的科

11　維基百科：人文學科。

學家來說，所謂的思想和感情，也是一連串電化學作用。心情不好，吃藥就會好。

　　但是寫到這裡，我篤信基督的音樂家老婆看到了很不開心，她說：「上帝的存在，是*毋庸驗證*的！」為了維持家庭的和諧，我只好說「對！」相信也有很多人有類似的困擾吧！那我們也來談談信仰。

　　世界上到底有沒有上帝（魔鬼、天使或其他宗教裡的神明）？這個問題已經困擾人類幾千年了，有無數哲學家曾經辯證過，至今莫衷一是。我看過最好的答案是：「上帝的存在不需要科學驗證！」也就是說，信仰和科學根本不是同一個領域的知識，不應該用另一個領域的方法去批判、質疑它。就像你用 AI 去跑大數據來分析詩作，得出「床前」後面接「明月光」就是偉大詩作，一樣是無稽之談。

　　在《聖經》這部偉大的人文著作中有個「因信稱義」的說法，上帝是「你相信就有」、「先相信才會有」。上帝是因為你的信仰才存在；你不信，祂就不存在。當然，有些人說：「先證明上帝存在，我才要相信。」未免也太功利了吧？更慘的是，這些人會苦尋一生，沒法證明有上帝，於是心靈沒有寄託、沒有盼望，不是很苦嗎？

　　有很多大科學家，比如大物理學家愛因斯坦，到了年老也是篤信上帝，只不過是想通了這個道理：科學和宗教不可混為一談。科學照作，有個宗教信仰作心靈的依託也不賴。

　　最後要談的，是常常假託信仰、神學、靈性之名而存在的「偽科學」（Pseudoscience）。它指的是那些經不起科學方法檢驗，卻宣稱自己是科學的知識，比如算命、占星術、神祕學、密醫……不勝枚舉。最近有個震驚全球的消息：美國司

法起訴了「酸鹼體質」說的作者，罰款高達數億元 [12]。這個學說要癌症病人放棄正規醫學療法，聲稱只要吃某些食物來調整酸性體質成鹼性，就能治療癌症，導致很多患者死亡。最誇張的是，這學說在全球居然流行了十幾年！

偽科學最常見的樣態大都與健康、信仰、心理問題、政治正確……有關，有時可以偽裝成科普知識在大眾間流傳，甚至騙倒專家。我最近看到一位我很欽佩的學者朋友在談「只要你想做到，全宇宙都會來幫忙你」的祕密，差點昏倒，也不知怎麼勸他才不傷感情……。

說到底，還是要回歸科學的態度。要戳破偽科學，只能靠科學方法：「觀察－假設－實驗－要求重複驗證」，比如說我上面那位朋友，我很想勸他做個實驗：心裡默念下期樂透中獎號碼，看會不會真的開出來？

還有，你最近考試考不好、和女朋友交往不順利，鐵定不是因為「水星逆行」。

素養導向試題 ▶▶ 科學態度與方法

特別說明：依照目前最新高中物理科教案設計的做法，以下的素養導向試題，都會標注課綱中相對應的學習內容。刪除號代表這一個題組，並沒有表現出相對應的內容。

12　Google：酸鹼體質。

題組一

1. 一名學生預測，相同的冰塊在微波爐中融化的速度會比火爐上的鍋子融化的速度快。該假設應如何檢驗？

   (A) 測量並比較鍋子和微波爐的體積。

   (B) 測量每個冰塊融化成液態水的體積。

   (C) 觀察並記錄每個冰塊完全變成液體的時間。

   (D) 在每次試驗之前，確定並記錄每個冰塊的溫度。

   解答： C

   pe-Vc-1 能辨明多個自變項或應變項，並計劃適當次數的測試、合理地預測活動的可能結果和可能失敗的原因。藉由教師或教科書的指引或展現創意，能根據問題特性、學習資源（設備、時間、人力等）、期望之成果（包括信效度）、對社會環境的影響等因素，規劃最佳化的實作（或推理）探究活動或問題解決活動。

2. 有幾組同學分別進行了上述的實驗，卻發現有截然不同的結果，有的組別發現微波爐融化較快，有的則是火爐融化較快，可能的原因為何？

評分標準：

不是使用相同功率的微波爐

火爐的火焰強度大小沒有控制

背景溫度是否相等

> tc-Vc-1 能比較與判斷自己及他人對於科學資料的解釋在方法及程序上的合理性，並能提出問題或意見。

題組二

　　底部有孔的碗放在水中會下沉，撒克遜人將此裝置用來計時。今將相同的碗底中央處挖出不同半徑的小孔，測量碗沉沒的時間。

1. 請問這個實驗中的應變變因為何？

   (A) 孔徑大小　(B) 碗的大小　(C) 碗沉沒的時間　(D) 小孔的位置

2. 請問這個實驗中的操縱變因為何？

   (A) 孔徑大小　(B) 碗的大小　(C) 碗沉沒的時間　(D) 小孔的位置

3. 請問這個實驗中的控制變因為何？

   (A) 孔徑大小　(B) 碗的大小　(C) 碗沉沒的時間　(D) 小孔的位置

解答：1. C　2. A　3. BD

pe-Vc-1 能辨明多個自變項或應變項，並計劃適當次數的測試、合理地預測活動的可能結果和可能失敗的原因。藉由教師或教科書的指引或展現創意，能根據問題特性、學習資源（設備、時間、人力等）、期望之成果（包括信效度）、對社會環境的影響等因素，規劃最佳化的實作（或推理）探究活動或問題解決活動。

1-2　物理學簡介

本節對應課綱			
主題	次主題	學習內容	學習內容說明
科學、科技、社會及人文（M）	科學在生活中的應用（Mc）	PMc-Vc-4 近代物理科學的發展，以及不同性別、背景、族群者於其中的貢獻。	3-2 簡介物理學涵蓋的範疇、探究的方向與演進的歷史。 3-3 說明現代世界經常面對跨學科的挑戰，並非侷限於單一學科的探究。 避免單純以條列的方式來呈現物理史：可藉由幾位關鍵物理學家的貢獻，來說明物理是實驗與理論相輔相成的學問，以及其與人類文明發展的關係。 4-1 擇例簡介物理科學家之貢獻與研究歷程，並兼顧不同族群、性別與背景，此內容應融入相關章節，不必另成一個單元。

本節所對應課綱中可有的學習表現：

an-Vc-1　了解科學探究過程採用多種方法、工具和技術，經由不同面向的證據支持特定的解釋，以增強科學論點的有效性。

an-Vc-2　了解科學的認知方式講求經驗證據性、合乎邏輯性、存疑和反覆檢視。

不古典的經典物理

　　「物理學」或許聽起來容易覺得讓人有距離感，主要是由於科學家希望用簡潔的數學語言來描述這個世界（萬物的道理）。所有的物理定律，皆不是為了發現而發現，而是人類在嘗試理解這個世界的過程中，伴隨而來的副產物。因此，起源自古希臘「自然」一詞的物理學，又稱為自然哲學 [13]。

　　回想小時候，你因為好奇而觀察到種種自然現象，由近（身邊物體如何運動？）而遠（天體如何運行？），進而探究其所以然 —— 這就是物理發現的自然過程。古人也是一樣經歷了類似的過程，才逐漸發展出運動力學，抑或聲、熱、電、光、磁等由解釋種種觀察到的自然現象的物理理論。以上綜合而成的物理學，我們稱之為經典物理（Classical Physics），有時也稱為古典物理。由於這個探究過程而得到的理論，雖然有些年代久遠，但仍然歷久彌新。所以，我們現在儘量避免使用「古典」這兩個字，而改用「經典」。

　　接下來我們將依課綱的要求，依年代順序「藉由幾位關鍵物理學家的貢獻，來說明物理是實驗與理論相輔相成的學問，以及其與人類文明發展的關係。」學習時請注意，新型的學測不太可能考你背誦人名、年代、學說名稱……的能力，應該注意的是每位科學家當時的「生活情境」，以及經由「探究與實作」而提出理論的過程（即「實驗與理論相輔相成」）。絕對不要「今是昨非」——用現代的知識進展去評價過去的理論發現。

13　維基百科：物理學。

　　古時候，科學與哲學是不分家的。也可以說，科學是哲學的一個分支。

　　希臘時代的泰利斯（624~546 B.C.），被後人稱之為「科學和哲學之祖」。他最重要的主張是「理性」，反對拒絕倚賴玄異或超自然因素來解釋自然現象。他觀察到，自然界的大部分事物和現象，比如江海河湖、動植物、雲霧雨雪……，全都有水。於是提出了「水是萬物本原」（Water is the arche）的理論。事物中含水的成分，和水的流動、型態變換都可以觀察、可以測量，等於間接否認「事物的本原是神所創造」的說法。這個理論在今天聽起來或許沒什麼，但你要想想在希臘諸神活躍的年代，這麼想事情和社會多麼格格不入 ── 隨便舉幾個例子，當時希臘人普遍認為，世界是由創世神卡俄斯（混沌，Chaos）所產生的；而大地女神蓋亞（Gaia）則孕育出天地間所有生物；宇宙主神宙斯則是雷神，手握閃電矛。他一生氣，就打雷閃電……。

　　泰利斯的年代大概相當於春秋前期，比老子、孔子都早了約半世紀。在東方，關於宇宙的起源，大概以「盤古開天地」式的神話為主，談不上什麼科學。

　　接下來的亞里斯多德（384~322 B.C.），差不多和戰國時代的屈原同期。如果以後你想讀人文社會學科，也肯定會教。甄試時會講點亞里斯多德，保證大大加分。他是亞歷山大大帝的老師，和柏拉圖、蘇格拉底（柏拉圖的老師）一起被譽為西方哲學的奠基者。著作牽涉許多學科，包括物理學、形上學、詩歌（包括戲劇）、音樂、生物學、經濟學、動物學、邏輯學、政治、政府以及倫理學。[14] 可以說是跨領域的大師。但其實，古時候的學科分化沒有今天那麼細、那麼專門。研究者挑自己有興趣的研究主題去做，並沒有在分領域。

14　維基百科：亞里斯多德。

　　泰利斯的水元素說，很明顯無法解釋很多其他的自然現象。比如說火焰、雷電、和吹拂在臉上的微風。於是亞里斯多德補充泰利斯的理論，提「水火土氣」的四元素說，能解釋的範圍就又更廣了，解釋力也更強。比如：火加土真的能燒出陶器、水加土就是到處可見的泥濘……。所以在當時被普遍的接受，也把科學向前推進了一大步。當然，如果從今天的角度來看，四元素說已經被證明是不足的，也不正確。但我們不應該這樣去評價前人的研究成果；應該把當時的情境脈絡（context）也考慮進去，才會顯現出他的厲害和偉大。他開啓了一個思考方向：大的東西是由更小的基本單位組成的。

　　亞里斯多德利用觀察，將天體運動與一般物體的運動（強制性運動，有推才有動）作區隔。認為天體是不朽的，運動應該是等速圓周運動。此假說以地球是宇宙的中心——天上的太陽、月亮及星星等天體都環繞地球運行。這一點，你只要夜裡躺在無雲無光害的大草原上，仰望星空，一定可以體會到——以當時的觀察資料與資料分析來說，算是精準。

　　耶穌出生，西元紀年開始。

　　下一位進入物理學課本的科學家是托勒密（100~170 B.C.），他提出「地心說」：地球是宇宙的中心，天上的星星都是繞著地球轉。這個理論，只要你肯花時間仰望星空，大概也可以觀察出類似的結論——這叫做理論具有「內在一致性」，在相同的假設條件下進行相同的實驗，可以得到相同的結果。

　　隱含在地心說的背後，為「人是世界中心」的哲學，更進一步被推衍成為「只要我喜歡有什麼不可以，宇宙都要繞著我轉」的自我中心主義。於是，一些文明比較進步的民族漸漸擴展勢力範圍，發展成帝國。在西方，有羅馬帝國如日中天，領域橫跨

歐亞，連耶穌都吊上十字架了。在東方，則是漢武帝的時代，衛青、霍去病驅逐匈奴，建立了大漢帝國；而匈奴則變成歐洲的「黃禍」。附帶一提，漢武帝、衛青、霍去病都是男男伴侶，在那個時代稀鬆平常啦！只要我喜歡，有什麼不可以。

為了符合日益增加的觀測資料，地心說被日益不斷的複雜修正，托勒密甚至用來解釋火星逆行的現象，至今仍然有效。當然，我們現在知道除了地心說，還有其他理論可以解釋相同的現象。也就是說，理論和觀察並不是「一對一」的關係——一種觀察可以用很多種理論解釋；一種理論也可以解釋很多種觀察——這是很重要的理論適用性的判斷準則，以及科學態度。此說延續了一千多年之久（請閉眼思考那是多麼長的時間！）

科學革命與機械論

坊間的教科書在這裡忽然跳了一千五百年，直接就到文藝復興時代（十五、十六世紀）。為什麼呢？因為這段時間中，西方人只顧著殺來殺去，腦袋沒啥長進。在中國，則是文明璀璨的漢、唐、宋。後來蒙古人征服世界，將人類一齊推進黑暗時代。

1600 年前後是人類歷史的重要分水嶺，那時中國是明朝末期；日本是戰國末期，織田－豐臣－德川三雄結束亂世，進入幕府時代，鎖國、拒絕西洋文明。而臺灣剛開始有漢人移居開拓，篳路藍縷、以啓山林。所以我們大致可以說，西方文藝復興，開啓科學革命、大航海的時代，東方卻正好要進入黑暗時代，直到二十世紀初才有起色。這四百年此消彼長，導致今日東西方的巨大差距。

接下來，說出「知識即力量！」的培根（1561~1626）橫空出世囉！

　　培根所指的知識，是指關於自然界的理解，可以用來適應自然環境。一般把培根視為人類啟蒙的先驅，專門講理性，名句有：「讀史使人明智，讀詩使人靈秀，數學使人周密，物理學使人深刻，倫理學使人莊重，邏輯修辭之學使人善辯；凡有所學，皆成性格。」他和接下來一大堆啟蒙時代科學／哲學家活躍的年代，正好是明朝命運的轉折點。

　　主張「地動說」的哥白尼（1473~1573）提出了違背天主教教義的日心說：應該將太陽擺在宇宙中心。因為用之前的地心說時，有很多天體運行現象，都需用很複雜的數學式（加入很多邊界條件）才能解釋。哥白尼大膽假設，行星們包括地球，都是繞太陽轉。數學式一下子變得很簡潔。

　　當然，就今日的理解，太陽也不是一個靜止不動的中心點，能解釋更多的天體運行，式子也更簡單。所以與其說哥白尼的貢獻是在提出日心說，不如說他確定了「用數學解釋世界、保持理論的簡潔」的重要性與探究方法。

　　他帶來科學革命，但本人可不只是個數學宅男，不僅精通多國語言，還學習醫學、擔任過教士、執政官，甚至還發表過詩集；他也總結了貨幣理論，成為現代經濟學的基礎之一……完全是典型的「文藝復興人」（Renaissance man，多才多藝的人）。

　　和哥白尼同時代的人物有明朝的張居正宰相。他主張「以禮治世」，以道德規範來治理國家，不重視數字管理，咸認是王朝覆滅主因之一。你看，平平當個執政官，重不重視科學差這麼多。

　　史蒂芬・霍金說：「自然科學的誕生要歸功於伽利略。」也有人給伽利略（1564~1642）「科學之父」、「現代物理學之父」……之類的頭銜。這類稱號其實

沒太大意義，又不會考，不用記。

　　伽利略在十七世紀中，扮演承先啟後的科學家角色。同時結合實驗與數學，也被後來的愛因斯坦稱為「現代科學之父」。他設計一系列斜坡實驗[15]，引入許多實驗變因（重量、坡度等），計算得到了正確的落體運動公式；並理解了等速運動及等加速度運動的差異性（在此之前，亞里斯多德沒發現「快」和「越來越快」的差別）。他也提出了運動學中相當重要的「慣性」概念，打破被相信了一千多年的亞里斯多德運動學。

　　他在科學方法上的貢獻對人類文明更加重要：(1) 數學論證、提出假設；(2) 設計實驗、檢驗原理。

　　反之，沒有遵循這套方法的學問，不能稱之為科學。舉例而言：「心誠則靈」（if you pray honestly → wish come true）這條論述，一來「誠心」、「靈驗」的程度無法客觀量化，也就無法數學論證；二來，經不起設計實驗檢驗。比如，請 100 個人去廟裡拜拜求子，一年後觀察有幾個生小孩？因此，這類論述不科學。

　　伽利略在物理學上的成就，相信上課時老師都已經講過了，在此就不複述。要讓各位同學知道的是，他出身音樂世家，自己也是位魯特琴手（類似吉他、琵琶）；也曾經在美術學院擔任過講師，教繪畫。可見他對藝術也有很好的欣賞能力，符合文藝復興人的重要特徵。他死後兩年（1644），明朝滅亡。

　　笛卡兒（1596~1650）是科學史上第一個出現的法國人，也是影響法蘭西思想史的最重要人物。法國人是浪漫出名的，居然提出「機械論」──只用質點和運動就能

15　維基百科：伽利略。

探討物質世界，完全不需要神明創造什麼的，可見當時在法國文藝圈造成多麼大的震撼。在數學上，他發展出幾何座標系統，X-Y-Z 相信各位同學都很熟悉。

「我思故我在。」他所引進的最重要科學態度是「懷疑」：絕不承認任何事物為真，對於我完全不懷疑的事物才視為真理 。懷疑是最重要的科學態度。聽到別人的理論 /假設，不要馬上接受，要請他提出證據，特別是科學證據。比如有人說吃素比較健康，那我們就要請他拿數據出來了，不能只有慈悲說、阿彌陀佛說。

哥白尼、伽利略、笛卡兒這三位，可以說是生涯橫跨西元一千六百年的第一波科學革命三傑。

跨進十七世紀，科學史上第一位超級巨星出世啦！那就是牛頓（1643~1727）。最近全球科學家對影響科學史的最重要的人物投票，結果第一名是牛頓，勝過第二名的愛因斯坦。牛頓的生平事蹟太豐富，本書無法含括，五南圖書出版公司曾經譯《牛頓傳》，是本非常好的科普文學作品，說不定老師們可以帶同學一讀。

如果要選牛頓最重要的貢獻，我會說是「微積分」。（也有人說是萊布尼茲更早提出，但無可懷疑的是，牛頓讓微積分成為最重要的數學工具。）我曾經走踏英國劍橋大學，校園中真的有一棵牛頓的蘋果樹（後代）。但他應該不是被蘋果砸到才想出萬有引力，不要聽信沒有根據的傳說。牛頓在物理學上的貢獻，是只用三條數學式就解釋了宇宙間的萬事萬物。（直到近代物理的範疇，才有他解釋不了的。）

這時已經是清康熙年間。同學如果有空，可以讀讀金庸的封筆巨作《鹿鼎記》，這部純虛構的文學作品描繪了以康熙王朝為中心的亞洲情勢，也講到了臺灣的歷史和命運，非常值得一讀。

十八世紀的牛頓建立了嶄新的物理學，他的貢獻可謂「罄竹難書」[16]，只能列舉其中較大者：他是提出微積分概念的先驅。目前高中的課程安排，在學測前還教不了微積分，實在很可惜。如果可能的話，你應該學一點微積分，對學物理很有幫助，尤其是考指考（分科考試）。進了大學要讀理工科系，微積分也是必修。他提出萬有引力定律、總結三大運動定律、發現太陽光譜、設計反射式望遠鏡……。其《自然哲學的數學原理》及《光學》兩本巨作，對後世的科學發展有很大的影響。後世的愛因斯坦（下一位超級巨星）自稱是踩在牛頓這位「巨人的肩膀」上，才能做出那麼多科學成就。

科學家們的貢獻在接下來的一百年，引發第一波工業革命（沒有電磁學），西方以機械取代獸力，促成人類文明的大躍進，並以船堅砲利攻向東方。

電磁統合及能量轉換

焦耳（1818~1889）藉由「熱功當量」的實驗，證實熱能是各種能量的形式之一，並提出了能量守恆概念，且最終推導出熱力學第一定律。

熱功當量實驗的想法很直接：當時已知重物從高處墜落時能夠作功，焦耳就用一根繩子把重物和水中的葉片相連，墜落時帶動葉片旋轉攪動水，水溫就會上升。測量水溫上升的程度，就能換算出有多少力學能被轉換成熱能。這個實驗也可以反向操作，用加熱水來拉升重物。雖然看起來在家也能實驗，但溫度升降的程度很小，不容易觀察得到。多虧焦耳細心，也由於繩子的摩擦力、空氣阻力等，必定不會得到能量守恆的結果。（更別說焦耳還沒發現的熱力學第二定律在作用）

---

16 學測國文考過這句成語的用法，原本是中性的，到了後代專門拿來寫壞事。

　　能量單位「焦耳」J，就是以他的名字命名。他和克耳文合作發展了溫度的絕對尺度，還觀察到磁性物質被磁化後，長度、形狀會發生變化（變化很小，又展現出驚人的細心）。從而發現了導體電阻、通過導體電流及其產生熱能之間的關係，也就是常稱的焦耳定律 [17]。稱他是熱力學的始祖人物也不為過。

　　接下來的四位，我要叫他們「電磁四兄弟」，在這只簡要說一下他們的理論成果如何應用到工程學上。詳細解說一樣要等到電磁學的章節。

　　伏打發明電池，說明電是一種能量，可以儲存、轉換。厄斯特發現電會產生磁，成為馬達（Motor）的原理。法拉第發現磁也會產生電，成為發電機（Generator）的原理。接下來馬克士威集大成，寫出四條電磁方程式，分別稱為高斯定律、高斯磁定律、法拉第電磁感應定律、馬克士威－安培定律。這一組方程式得學過高等微積分才會解，如果你想讀電機（Electrical Engineering）系，鐵定要過電磁學這一關，數學不好的人會覺得有如地獄一般；但對某些數學（尤其是空間幾何）很好的人來說，簡直一塊蛋糕（piece of cake）。就我自己而言，一學期考四次試加起來只有一百二十幾分，有同學能一次就考九十幾分。電磁學不行，你就不可能走最夯、最有錢的通訊領域，想讀電機系的同學請三思。

　　十九世紀的尾聲，跨入二十世紀之前，還有兩位總結古典物理，引領科學界跨入近代物理的重要角色。

　　波茲曼（1844~1906）以統計的觀點及微觀的角度解釋了熱力學，並奠下了統計力學的基礎，也是建立從微觀連結巨觀世界的先驅之一，並且完美地闡釋了熱力學第

17　維基百科：焦耳。

二定律。

愛因斯坦說，熱力學第二定律大概是宇宙間最難被推翻的定律，可見他有多厲害。好了，大家一定對熱力學很好奇吧？更詳盡的解說，請期待下冊內容。

克耳文（1824~1907）定義能量的概念，功、熱、電都可以互相轉換。從此之後，物質的狀態變化（運動、形變）有原因可以解釋。而且，這個原因無形無質，看不著、摸不著；卻著著實實存在著，驅動著世間萬物。讓科學家，還有其他領域的作家、藝術家、發明家、工程師、甚至偽科學家……都「腦洞大開」，開啓莫大的想像空間。

克耳文也有點像少年漫畫中，別人打架他評論的角色（或武俠小說中的百曉生），他說了誰厲害就是誰厲害。有很多科學成就、科學家貢獻，都是克耳文闡述、定義出來，才廣為世間所知。這樣的角色對人類文明來說，也是非常重要。就像本書的作者。

走到這裡，大概十九世紀末，古典物理終歸大成，所有領域統一在「能量」（Energy）的概念下。而當完成現象學的解釋之後，若總和各個現象學的結論，有時候會發現有互相違背的地方。最有可能發生的問題在於，現象學的解釋不能完全滿足於所有發生的自然現象。此時，討論「自然現象的本質是什麼？」就會出現不同的爭議，爭議各方彼此辯證 —— 這一套科學態度與方法，成為建構近代物理知識的重要環節。

那時候，日本已經完成明治維新、贏得第一塊海外殖民地 —— 臺灣。清末腐敗、慈禧當政，接受過西方科學教育的孫逸仙博士與革命志士們悲憤不已、屢敗屢起，中國最後的王朝已經搖搖欲墜了。

近代物理的開端

　　1900 年，克耳文爵士（沒錯就是他，承先啓後的重要角色），提出兩大古典物理無法解的難題。分別由浦郎克的量子論和愛因斯坦的相對論所闡明，奠基了近代物理。二十世紀初的這三、四十年，各領域的天才輩出，為自文藝復興以後，人類文明的第二次黃金時代！

　　有些人說，古典物理到此就不適用了。這種說法不盡正確，比較準確的說法是：在低速（遠低於光速）且日常生活尺寸的世界裡，古典物理還是能適用得很好（連登陸月球都不太用得著近代物理）。在尺寸極小的世界，我們得靠量子力學；在速度接近光速的世界，我們需要相對論。這也是科幻小說的有趣題材。

　　近代物理的開端最著名的例子便是：光的本質到底是什麼？由於光通過狹縫時，會跟水波一樣發生繞射及干涉的現象，再加上馬克士威的電磁理論，已經可以論證光的本質是一種電磁波。

　　而若光是一種波，那乘載此波的介質是什麼？如同聲波的介質是空氣、水波的介質是水，那光波的介質呢？按照古典物理中波傳播的概念，很難想像電磁場能在「虛無」之中波動。光應該是通過什麼可變形的「東西」——光乙太——傳播。當時科學家也努力的想要解開這個難題。

　　邁克森（Michelson）設計了精準的干涉儀，想透過地球對乙太的相互運動，找出乙太存在的證據。然而經過長久的努力，卻得到了乙太不存在的結論。雖然如此，但邁克森因而開發了非常精準的光學干涉儀器，並可應用它來做光譜學與度量衡學的

研究，於 1907 年成為第一位獲得諾貝爾物理獎的美國科學家！甚至，在 2017 年直接探測重力波的重大物理發現中，放大版的邁克森干涉儀也扮演了關鍵實驗工具。

　　另外，這個失敗的結果也啓發了愛因斯坦做出「特殊相對論」的重要假設：光在不同慣性座標系統下量測到的速度皆相同。更美麗的巧合是，在愛因斯坦發表廣義相對論的一百週年，干涉儀也證明廣義相對論的最後一個預言：重力波是否存在[18]？（答案是 yes！）

　　也因此，這個實驗卻被稱之為歷史上最成功的失敗實驗。提醒著所有從事科學者，擷取探究實驗中得到的經驗來進行反思與啓發的過程，其重要性往往並不亞於原先實驗設計所希望得到的實驗結果——過程和結果一樣重要，甚至更重要。

　　當時由於冶金的需求，需發展不同加熱溫度對冶金時發出的光譜的理論來調控冶金的過程，作為工業應用的參考。於是科學家設計了黑體輻射實驗，研究物體本身因為受熱放出的光輻射。（黑體會吸收掉外界的所有光，於是不會被外界光源干擾。）

　　僅用光是一種電磁波的理論來解釋黑體輻射，會與實驗數據有很大不符合之處——這困擾科學家非常久的時間，成為一個難解的謎題。這謎題卻被浦郎克（Max-Plank）利用 lucky guess（幸運的數學猜想，別懷疑，他真的用猜的。）破解了。

　　浦郎克怎麼猜呢？他大膽假設光能量不是連續波動，而是不連續的能量粒子，居然成功的將理論推導所得的曲線與實驗數據做出完美的擬合；也就是「矇對了」！起初他本人也承認對這結果感到疑惑，但對了就是對了，也沒話可說。《火影忍者》卡

18　余海峯（2017），〈1907 年諾貝爾物理獎：阿爾伯特‧邁克生〉，《物理雙月刊》，2017 年 2 月號，
　　 p. 60。

通裡有一句名言：「幸運也是實力的一部分」——如果沒有之前的努力研究，你要猜也無從猜起，對吧？

浦郎克的好運啓發了許多科學家對光的本質的新想像。其中，包含年輕的愛因斯坦。

愛因斯坦當時是一個沒有任何實驗儀器可以進行實驗的專利審查員。公餘喜歡閱讀科學期刊。他閱讀赫茲（Hertz）在科學期刊上發表的光電效應實驗數據，發現有些地方並無法用「光波動說」來解釋，但如果用浦郎克的光粒子說解釋，一切就說得通了。尤其，黑體輻射實驗與光電效應實驗，無論從實驗設計上或者是數據的量測上，都截然不同。但卻能得到相同的推論：光具有粒子性，而且推論得到了光粒子能量常數〔後來稱為浦郎克常數（Plank constant）〕。兩個實驗差別居然不到 0.5%，因而也被稱為近代物理的一大勝利 [19]。（我看這是太好運了啦！）

自然現象在科學家的心中，應該具有一致性——若原本被推定是波動的光具有粒子性；那麼其他原本被推定是粒子的「東西」，說不定也應該具有波動性吧？所以，1924 年德布洛伊（de Broglie）在其後來聞名於世的「世界上最短的博士論文」（一頁多一點，不足兩頁）中，提出了物質也應該具有波動性的「猜想」。（浦郎克都可以猜，我當然也可以猜）但也因為缺乏實驗數據支持，在當時引起許多爭議。

直到後來一年多後，美國貝爾實驗室的戴維森跟基瑪在真空管中進行電子撞擊鎳板的實驗，意外發生爆炸，卻又得到了驚人的結果。他們在事故後檢修設備，意外發現鎳金屬上「繞射」形成的圖樣。

19　*Concepts of Modern Physics*, p. 82.

　　等一下！電子是粒子，怎麼會繞射？不是只有波動才會繞射！因此，剛剛好證實了德布洛伊的猜想 —— 電子不但是一種粒子，也具有波動的特性 —— 也正式的引發了新一波物理的革命。

　　從波的粒子性以及粒子的波動性開始，是古典物理與近代物理的一個重要劃分。因為，一旦波有了粒子性而粒子有了波動性，那麼原先古典物理的世界觀就需要跟著重新思考，而萬物的本質也有了更新的詮釋：從原子的組成到分子到固態材料，從微觀現象到巨觀現象都漸漸有了合理性與一致性。進一步，這也誘發了新一波的工業革命 —— 從以熱力學為主力的第一次工業，過渡到以半導體及光電元件為主力的新一代工業。

　　綜觀近代物理的發展，伴隨許多美麗的意外。但若沒有正確的科學態度，結合探究實作的方法與精神，這些新發現也不可能。說到底，物理發現日新月異，而背後不變（或說變得沒那麼快）的基礎，還是科學態度與方法啊！

探究與實作 ▶▶ 重現物理現象

　　請尋找資料及思考，是否能夠以現有的實驗或身邊的物品，重現上述古典或近代物理的現象？

參考答案

　　愛因斯坦因光電效應獲得了諾貝爾物理獎，而 Ann Arbory 在美國物理教師學會年會中的發表作品中，利用身邊可以取得的物品可非常有效的展現此著名的實驗。使用容易購得的紫外燈管（水族用品店可購得），以及唾手可得的鋁罐（取代鋅片）及鋁箔（取代驗電器），即可完成光電效應的展示。大家可以試著動手做做看。

資料來源：https://www.youtube.com/watch?v=WO38qVDGgqw

1-3　物理量的單位

本節對應課綱			
主題	次主題	學習內容	學習內容說明
物理量的單位	自然界的尺度與單位（Ea）	PEa-Vc-1 科學上常用的物理量有國際標準單位。 PEa-Vc-2 因工具的限制或應用上的方便，許多自然科學所需的測量，包含物理量，是經由基本物理量的測量再計算而得。	1-1 科學上的基本物理量常以國際標準單位做基準，因工具的限制或應用上的方便，也有許多常用的物理量是經由基本物理量的測量再計算而得。 · 在從事科學研究時，科學家可以有主觀的判斷與猜想，但仍需藉由各種客觀的方法，如確認問題、提出假說、實驗分析與驗證、建構理論、做出預測等，來確認猜想或假說是否正確。

本節所對應課綱中可有的學習表現：

an-Vc-1　了解科學探究過程採用多種方法、工具和技術，經由不同面向的證據支持特定的解釋，以增強科學論點的有效性。

an-Vc-2　了解科學的認知方式，講求經驗證據性、合乎邏輯性、存疑和反覆檢視。

　　許多物理理論皆是根據實驗觀察探究的數據而來。而這些實驗數據需要有一定的比較標準，因此，需要制定物理量的單位，並且以此建立測量方法與比較規則。

　　「單位」是我們來測量物理量的特定名稱。比如，當我們在測量物體長度時，公尺（m）就是長度的單位，而「標準」則是該物理量的 1.0 個單位。如長度的標準就是 1.0 公尺。而此標準必須精確且不變動，例如：定義真空中速度恆定的光速，在某一個極短的時間內所行進的距離作為標準單位，而其他長度則皆可以此為標準來做比較。標準也必須符合實用性與合理性，所有的科學與工程皆可依循來描述。此外，不論是直接測量或者是間接測量，我們也必須建立從微觀到巨觀物體的量測方法，小至原子半徑，或遠至星球間的距離。

　　物理學中的物理量眾多，但各有相關。如速度即是長度除以時間（每單位時間內可行經多少距離）。因此，我們只需透過國際協議，選出幾個特定需要的物理量來制定標準，再藉由這些物理量來訂出其他物理量的標準。而這些定義需要滿足「恆定不變性」，以及滿足科學及工程上對精密度的要求。

　　2018 年 11 月 16 日，第 26 屆國際度量衡大會一致通過了新的國際單位制基本單位定義的提案，已於 2019 年 5 月 20 日生效。從此以後國際單位制基本單位（International System of Units, SI）當真空中光的速度 c 以單位 m/s 表示時，其固定數值取為 299,792,458 來定義公尺。這是由於目前量測光速的精密度非常高，且具有恆定不變性，可以很合理的將光速採為一被定義量。

　　1 公尺即是光在真空中 299,792,458 分之 1 秒所前進的距離。

　　這時你或許會發現，這些定義彼此相互依賴。如果沒有定義出秒，則無法定義出

速度，也就無法定義出公尺。

而以時間的定義而言，任何週期性、會重複出現的現象都可以用來定義時間。如地球自轉一週可定義為一天的時間。時間的定義的發展也從早期利用石英的震盪週期作為基準，發展至以原子發出特定波長的光波震動為基準（原子時鐘），更加精確地表示時間。

1 秒即為銫原子特定波長的光波震動 9,192,631,770 次所需的時間。

質量的定義原本是用國際公斤原器的質量──被定義為 1 kg 鉑銥合金的圓柱體，但發現在之後一百年間，國際公斤原器的質量減少了 50 μg，不再恆定不變，不適合作為質量的定義。所以，至 2019 年修正為以精確的浦郎克常數 h = $6.62607015 \times 10^{-34}$ J・s（J = kg・m^2・s^{-2}），也就是公尺和秒所定義。這樣的定義也是基於物理常數的恆定不變性，至此將全部由物理常數定義。而由這些變動也可以知道科學上為滿足恆定不變性所做的調整。

其他物理量的單位則是由這些基本單位再定義，亦可稱為國際單位制導出單位。

比如以長度為基本量，長度的單位就是基本單位。在 SI 制中，定義公尺（m）為長度的單位；公里（km）、公分（cm）等則為衍生單位。那麼，速度、加速度、力等物理就算是導出量，它們的單位就是導出單位。

在 SI 制中，定義公尺／秒（m/s）為速度的單位；公里／小時（km/h）、公分／秒（cm/s）等，則為衍生單位。

定義公尺／秒²（m/s^2）為加速度的單位；公里／小時²（km/h^2）、公分／秒²（cm/s^2）等，則為衍生單位。

定義牛頓（N）為力的單位；達因（dyne）等則為衍生單位。1 N= 1 kg s^2 /m。

功率的 SI 單位稱為瓦特（W），則由質量、長度及時間等基本單位來組成：1 W=1 kg m^2/s^2

表一為在基礎物理中常見的 SI 基本單位。

▼ **表一 基礎物理中常見的 SI 基本單位**

	基本量	中文單位名稱	英文單位名稱	單位符號
1	長度	公尺	meter	m
2	質量	公斤	kilogram	kg
3	時間	秒	second	s
4	溫度	克耳文	Kelvin	K
5	物質數量	莫耳	mole	mol
6	電流	安培	ampere	A
7	光強度	燭光	candela	cd

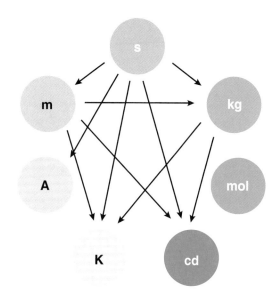

▲ **圖一 七個 SI 基本單位及其定義的相互依賴性**

　　七個 SI 基本單位的定義彼此互相有關聯性，無法僅個別獨立來看待。除了前面所提到的從光速中定義長度，也必須知道時間的定義。其他如安培和燭光都需要由能量來定義，而能量的定義則是由長度、質量和時間的定義而來。[20]

　　測量數值包含很大或很小的因數，所以用數值因數的字首（Prefix）作為符號。

20　維基百科：國際單位制基本單位。

因數	字首	符號	中文	因數	字首	符號	中文
10^{12}	tera	T	兆	10^{-2}	centi	c	厘
10^{9}	giga	G	吉；十億	10^{-3}	milli	m	毫
10^{6}	mega	M	百萬	10^{-6}	micro	μ	微
10^{3}	kilo	k	千	10^{-9}	nano	n	奈
10^{2}	hecto	h	百	10^{-12}	pico	p	皮
10^{-1}	deci	d	分	10^{-15}	femto	f	飛

延伸閱讀

- 〈世上最圓的球！〉World's Roundest Object!

  https://youtu.be/ZMByI4s-D-Y 本影片有詳盡的 SI 公制單位—公斤的發展歷程，以及最新的進展。

- 〈公制為何重要〉Why the metric system matters - Matt Anticole

  https://youtu.be/7bUVjJWA6Vw

  自人類有史以來的大部分時間，度量衡單位並不很精確，例如：穀粒的重量、手的長度，且因地而異。現在，標準化的度量衡是我們日常生活中不可或缺的一部分，很難體會到它對人類有如此大的成果。

祕技 ▶▶ 因次與數量級

大部分老師都沒教因次怎麼用，但這在考試超重要、超好用。

首先，你必須知道，相同的物理量就會有相同的單位；不同的物理量就有不同的單位。比如：

力 F=ma，質量 m 的單位是 kg，加速度 a 的單位是 m/s^2 因此，F 的單位必然是 $kg \cdot m/s^2$

功 W= F·d ， 因此 W 的單位是 $(kg \cdot m/s^2)$ x m $=kg \cdot m^2/s^2$

動能 E= 1/2 m·v^2，單位必然是 $kg \cdot (m/s)^2 = kg \cdot m^2/s^2$

你看，功能互相轉換，單位相同。你的公式一定沒背錯。強烈建議，每次運算時，都要記得寫單位。就能用因次來核對計算的結果。

「數量級」也是非常重要且有用的觀念，甚至在社會科學上也很重要。它的基礎是將數量以倍數計的數據「對數化」，以便做比較。尤其是在無法精密計算而需立即做決策的場合，掌握數量級就很足夠了。比如說災害發生，到底傷亡人數是個位數（10^0）？還是幾十人（10^1）？還是幾萬人？（10^5），處置方法就不一樣。35 和 53 之間的差別，並沒太大意義。

SI 制的常用字首表 「TGMk 1 cmunpf」也是超級好用，很多同學都以為只是要背，卻不懂得用。

配合英文數字寫法，三位一點。每一級正好是 10^3（一千）1,000 倍（電腦科學裡是 2^{10} =1024），差兩級就是 10^6（百萬）倍 1,000,000……以此類推。你可以將兩

個數字的數量級相減，就非常快速的比較出大小。比如一根頭髮的寬度是釐米 10^{-4}m（-4 數量級），台積電目前的最新製程是 3 奈米 (nm)，也就是 -9 數量級，兩者之間差 5，也就是 10^5 倍——一根頭髮的寬度大概可排十萬個電路元件。這才是人類工藝的極致，什麼微物雕刻、髮雕、鉛筆雕，靠邊站去吧！

跨領域素養 ▶▶ 度量衡的統一

　　「計量單位制」，也稱計量系統，計量制、單位制，是計量單位和它們彼此相關規則的集合。為了科學和商業的目的，歷史上計量系統一直是重要的，受到管制和定義。現代使用的計量系統包括米制（Metric System），英制單位和美制單位。中國傳統的計量單位制叫度量衡 [21]。

　　課本中所說的單位制度就是米制，也叫做公制、國際單位制，含七個基本物理量：m, kg, s, A, K, mol, cd，其他都是導出量。測量的方法會隨著物理學的進展而改變，我記得在高中時候學物理，長度的單位「公尺」，還是由子午線長度定義的呢！

　　在中文裡，英制與其他制度相區別，多在單位前加一「英」字，或冠以口字旁，例如：英里（英哩）、英尺（英呎）、英寸（英吋），或簡稱哩、呎、吋 [22]。有個故事說「呎」是某位英國國王的腳丫（foot）長度所定義，但歷史上並沒有如此記載。比較可靠的說法是，英制是羅馬帝國殘留下來的制度，比如「吋」是三顆大麥的總長等。美國所用的英制，和英國所用的英制，又略不同。比如在英、美開車，路程都是

21　維基百科：度量衡。
22　維基百科：英制。

以「哩」計，但牛排用的「盎司」略不同（我至今也搞不清楚）。在許多個別的領域，仍然使用英制，比如航太：飛機飛行的高度大都以呎計；電腦螢幕的尺寸都是用吋。

古時候，中國用尺與斤；日本用尺與貫；臺灣也有尺與斤，但又和中國的尺與斤不太一樣；土地面積至今還使用坪與甲，和公制相去甚遠。換算來換算去，常引起糾紛或困擾。同學應該可以感受到，統一度量衡單位有多麼重要。

但是歷史上每次統一度量衡，總是帶著戰爭、殺戮這類不太好的過程。歷史課本上最有名的一次，應該是秦始皇搞的「書同文、車同軌」，硬是把秦國的制度推到其他地方去，才能統一國家，焚書坑儒之類的慘事少不了。

於是有些人文學者認為，度量衡的統一是一種文化象徵和標準的統一，有礙多元文化的發展。但科學重視的是「可重複驗證」，你做出來的實驗結果，要能讓別人也做出一樣的，先決條件就是雙方度量單位和方法得相同才行啊！統一是必然的結果。

素養導向試題 ▶▶ 物理量的單位

題組一

公制或稱米制（Metric System）是一個國際化十進位量度系統。公制是由法國科學院的一個委員會從 1791 年開始開發的，受委託創建一個統一而合理的度量體系。該小組成員包括法國傑出的科學界人士，法國在 1799 年開始使用公制，是第一個使用公制的國家。源自公制的國際單位制（SI 制）已成為國際大多數國家的主要量度系統。美國是現今工業化國家中唯一未將國際單位制定義為官方量度系統的國家，不過

自從 1866 年起也已開始在科研、醫療和軍事領域使用國際單位制。英國政府已承諾將許多量測單位改為公制系統，但民間還沒有普遍使用，一般常用的單位仍是英制單位。

　　設置公制系統的原意是制定一個所有人都可以使用的系統，但為了政府或標準管理機構管理的需要，公制系統設置過程中仍然有對應標準單位（如長度一公尺或質量一公斤）的公制系統原器。在 1875 年以前，公制系統原器是由法國政府所保管，在 1875 年後已交由國際度量衡大會（CGPM）。當國際單位制 2019 年採用新的定義後，就不再使用國際公斤原器作為質量單位公斤的標準。

　　公制系統的一個主要特徵就是有一套互相關聯的基本單位標準，以及一套十的次冪的標準單位詞頭。利用基本單位及詞頭的組合可以用來產生較大或較小的衍生單位，取代以往使用的非標準化的單位。公制系統一開始為了商業需求而制定，但其單位也適合科學及工程方面的應用。

　　在十九世紀時，不同的科學或工程定律使用的公制系統不一定相同，造成各公制系統會使用不同的基本單位，即使不同的定義都是基於公尺及公斤的定義，但不同公制系統仍造成許多使用上的不便及混亂。在二十世紀時科學家們針對不同的公制系統，重新整理一套國際通用的單位系統。1960 年時國際度量衡大會訂定了國際單位制（法語：Système international d'unités，簡稱 SI），隨後也成為國際標準的公制系統。

1. 由以上的文章請說明公制（Metric System）和國際單位制（SI 制）有何不同？
   為什麼要制定公制或國際單位制？

   評分標準：

   pe-Vc-2 能正確安全地操作適合學習階段的物品、器材儀器、科技設備及資源，
   能適度創新改善執行方式。能進行精確的質性觀察或數值量測，視需要能運用
   科技儀器輔助記錄。

2. 請舉出生活中可實際量測質量 (或重量) 的三種方法，並說明適用的範圍與限制
   條件。

   評分標準：

   pe-Vc-2 能正確安全地操作適合學習階段的物品、器材儀器、科技設備及資源，
   能適度創新改善執行方式。能進行精確的質性觀察或數值量測，視需要能運用
   科技儀器輔助記錄。

02

物質的組成與
交互作用

• • • • • • • • • • •

2-1 物質的組成

本節對應課綱			
主題	次主題	學習內容	學習內容說明
自然界的現象與交互作用（K）	基本交互作用（Ke）	1-1 生活中常見的物質都是由原子組成的。 1-2 固態、液態及氣態之間的差異，都可由原子觀點解釋。	

本節所對應課綱中可有的學習表現：

ti-Vc-1　　能主動察覺生活中各種自然科學問題的成因，並能根據已知的科學知識提出解決問題的各種假設想法，進而以個人或團體方式設計創新的科學探索方式，並得到成果。

tm-Vc-1　　能依據科學問題自行運思或經由合作討論來建立模型，並能使用例如：「比擬或抽象」的形式來描述一個系統化的科學現象，進而了解模型有其侷限性。

an-Vc-1　　了解科學探究過程採用多種方法、工具和技術，經由不同面向的證據支持特定的解釋，增強科學論點的有效性。

亞里斯多德的四元素說

　　對萬物進行觀察，並從異與同中進行分類是人類生存的本能，再進一步從分類中對於給出合於生活經驗並符合邏輯的解釋，即是人類對萬物了解的開端。兩千多年前的亞里斯多德，將地上的物體組成分為土、水、氣、火。想像一下如果你是亞里斯多德，處在當時的時空，為何會如此對地上的物體的組成進行分類？應該是與其生活環境中所能接觸到的事物性質有關。

思考問題 ➡ 五行說

　　五行「金、木、水、火、土」為古代華夏民族的重要哲學思想，請嘗試思考比較，當時古中國的時空環境背景，論述與亞里斯多德對物質組成分類的異同極可能原因？

參考答案

　　歷史上不同民族皆能以觀察及分類，建構屬於自己的元素思想。如古希臘亞里斯多德的四元素說、華夏民族的五行，以及古埃及的三元素說，差異來自於當地當時的氣候及地理環境，加上對分類的邏輯不同所引致。比如拿古希臘建築與古中國建築相比較，可以觀察到古希臘建築多為石材，可能是環境中木材的資源較少。所以，四元素說比五行說少了木。亞里斯多德推論萬物本源的四種原始性質為冷、熱、乾、濕，也因而提出了土（又乾又冷）、水（又濕又冷）、氣（又

濕又熱）、火（又熱又乾）的四元素說。也因此，沒有特別將金（礦石中提煉的金屬）獨自分類出來。而華夏民族強調萬物相生相剋，提出了火生土、土生金、金生水、水生木、木生火的五行說，形成一個完整的循環。而圓融與循環也是華夏民族一個常存在的邏輯與概念。大家可以再找尋其他不同民族的分類，並就其文化及環境提出自己的想法[1]。

原子及其排列

不論是亞里斯多德的土、水、氣、火，或者是五行「金、木、水、火、土」。這些分類下的物質，是不是有更基本的元素來組成呢？

德謨克利特（Democritus）最早提出原子的概念，認為原子是一種不可分割且內部沒有空隙的最小粒子。日常所觀察到萬物變化，都與這些恆久不變的原子其重新排列組合有關。而原子的概念甚至擴展到了哲學論述，如十九世紀法國哲學家亨利柏格森（Henri Bergson）認為，無論是人的身體還是靈魂，都只是原子運動所產生的現象。（還記得上一節談到的笛卡兒機械論嗎？）

科學上第一次出現原子論是在十七世紀。羅伯特‧波義耳開始將原子的概念應用於物質世界，來解釋為何空氣的體積減少，空氣的壓力就會增加？主要是來自於原子碰撞——這也被認為是第一個量化原子特性的實驗。

1　維基百科：古典元素。

　　十八世紀英國化學家道耳頓沒有受過大學教育，卻以敏銳的觀察力與探究實作能力，提出「化學原子論」。「為什麼不同氣體在水中有不同的溶解量？我由實驗結果，認為這與氣體最終粒子的重量和數目有關。從不同氣體在水中溶解的比例，可以看出組成這些氣體最終粒子的相對量」。當時這結果科學界認為是最接近探討物質本質的理論[2]。他也提出了原子量的概念，認為每個元素都是由獨特的原子所構成；化合物則是由兩個以上的不同原子結合而成。所謂的化學反應，實際上就是原子重新排列組合的結果。這讓化學反應得以量化，但仍然無法直接證明原子確實存在。

　　原子存在的具體科學證據，則要歸功於二十世紀初期一連串的科學發現。愛因斯坦透過布朗運動，確認了分子的存在。這個實驗也啓發了尚・佩蘭，為驗證愛因斯坦的理論而解決了原子說百年來的爭論，而原子的不可分割性概念也被打破。約瑟夫・湯姆森證實了電子是一種比原子還小的粒子；拉塞福則再以帶電粒子（α 粒子）碰撞實驗發現了原子核。這些結果也引起了科學家們對原子內部的世界及如何組成的問題有很大的興趣。但無論如何，原子及其組成這個千百年來跨哲學與科學的粒子，至此總算有了堅實的科學證據，確切的呈現在世人眼前[3]。

　　更進一步，這也引發了科學界對基本粒子，以及彼此如何交互作用的探索，建構了近代物理的基礎。原子的種類有一百多種，大小不同，而其物理、化學性質也不同。$1 Å=10^{-10}$ m，則是適合用於描述原子大小（直徑）的單位，命名來自紀念瑞典科學家埃格斯特朗（Anders Jonas Angstrom）。而一個原子的大小，大約是 1 Å 到 3 Å。

2　張文亮，原子論提出者：道爾頓的一生，科技大觀園 https://scitechvista.nat.gov.tw/c/sW1H.htm

3　高涌泉，【科學史沙龍】原子的故事 https://case.ntu.edu.tw/blog/?p=23673

　　即使在相同的物質中，原子排列方式也會隨著溫度或壓力等調整、改變。如鉛筆筆芯中的石墨與鑽石都是由碳所組成，但因為其排列方式的不同而導致其色澤或其他物理、化學性質（如導電性、硬度等）都有明顯不同。在石墨中，碳先以二維型式的蜂窩狀結構排列成一層，然後再一層一層的堆疊起來，因此我們利用鉛筆書寫時，石墨可以一層一層的剝落在紙上形成筆跡。而鑽石一般是由於高壓而形成（常於地底深處發現），每個碳原子臨接著四個碳原子，形成一個非常穩固的立體結構。因此，硬度非常高。若以鑽石作為筆尖，書寫時筆尖不但不會剝落，甚至可用來切割許多工業材料。2010 年的諾貝爾獎更是頒給證實碳可以只以一層二維型式的蜂窩狀結構穩定存在的蓋姆（Andre Geim）和諾沃肖洛夫（Konstantin Novoselov），這樣單層的碳稱之為石墨烯（Graphene），也被認為是下一世代能源及電子產業的重要材料。

鑽石結構

石墨結構

▲ 圖一　同樣是由碳組成，左邊為堅硬不導電的鑽石結構，右邊為導電且可層狀剝落的石墨結構

探究實作 ▶▶ 鉛筆導線

1. 鉛筆導線（Conducting Lines）（參考資料：2020 第三屆全國高中物理探究實作競賽題目）

    https://youtu.be/xMWIvDXoO0k

    用鉛筆在紙上繪製的線，可以是導電的。研究此種導線電阻變化的特性及相關參數。

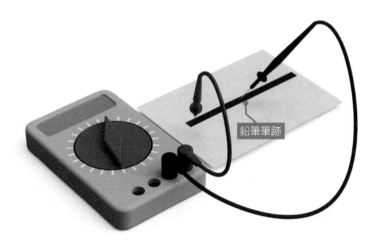

鉛筆筆跡

▲ 圖二　鉛筆導線

同學可以試試看不同的長度、寬度、畫的次數，以及使用不同鉛筆種類畫出來的線對電阻的影響。

探究實作 ▶▶ 冰與水

　　請找資料探究為何水分子凝結成冰後，其密度反而比 0℃ 的水低，因此，冰會浮在水面上。

參考答案

　　水分子（H_2O）是由兩個 H 原子與一個 O 原子所構成的。在室溫下為液態，有固定的體積，但因為其沒有固定的分子排列方式，因此沒有固定的形狀（可隨容器而變）。但若對水持續加熱，隨著溫度升高，水分子的動能足以克服彼此間的吸引力的機會變大。因此，較有機會形成氣態的水蒸氣，而水分子與水分子間的距離也因此拉大，造成密度大幅下降。反之，若溫度下降，水分子間因為溫度所造成的動能也會降低，分子間作用力的角色則會凸顯，理論上應該要密度隨著溫度降低，而密度一直變大。但因為若液態的水低於凝固點形成固態的冰後，冰是水分子間因作用力形成的特定的晶格排列結構。所以，已經不能用液態水分子間的情況來解釋。而冰這個晶格排列結構的密度，則是比液態水分子來的小。

其他探究實作題目參考：

　　請研究一般木炭與備長炭的差異？

　　導電墨水製作

https://www.youtube.com/watch?v=YytM0lgxNNA

https://www.youtube.com/watch?v=W_ouYLeIkoo

請找資料探究美麗雪花形狀的形成

https://www.youtube.com/watch?v=yYqumY4am0A

從微觀到巨觀

　　由碳與水分子的例子，我們可以知道原子的排列不同，同一物質也會產生不同的物理現象。換言之，自然界中的聲、熱、光、電、磁等現象，也都可以用微觀的原子角度來理解。如在室溫下未燃燒的木炭，會放出我們看不到的紅外線（其實我們本身也會放出看不到的紅外線）。當木炭逐漸升溫時，會逐漸放出可以看到的紅光 —— 差異來自於溫度對於原子的熱擾動。相同的原理，也被應用在鎢絲燈泡上 —— 不同的溫度放出不同的顏色的光。當火車的汽笛聲響起時，聲波的傳遞可以空氣的分子運動來理解。當火車遠離你或靠近你時，空氣分子運動相對於靜止的你，導致頻率改變。因此，除了火車汽笛聲大小改變之外，聲音高低也會改變。（這叫「都卜勒」效應）

　　「巨觀」的定義是可以被肉眼直接測量或生活上觀察的尺度，一般是指一公分以上。而「微觀」則是指原子大小，或甚至更小的尺度。在微觀尺度，粒子的波特性（物質波）非常顯著。而大家常提到的「奈米科技」則是介於巨觀與微觀兩者之間 (100 nm~1 nm)，除了考慮物質波特性外，也需要考慮大量的原子間的交互作用，是目前科技及工業發展的重心之一，也形成了物理學上一個新的分支學科，可稱之為「介觀物理」。

跨領域素養 ▶▶ 空即是色，色即是空，真的有物質嗎？

　　許多同學家裡都掛著佛家的著名經典《心經》吧？它真的是由《西遊記》裡的主角唐三藏法師所寫，裡面最有名的一段是：「色即是空，空即是色。」相信大家都能朗朗上口。

　　原典中的「色」是指大千世界中的種種現象；而「空」大意是「『存在』與『不存在』都不是」，否定二元對立的說法（非有非非有），也可以直接（但不太準確的）理解為「並非實際存在。」整句合起來，意思大概是世間萬物都是「空」，並非實際存在的東西，很玄吧！

　　也有人把「空」理解成空虛、空洞的意思。在下一節中我們會提到原子的尺度——如果把一顆原子等比例縮放成棒球場，原子核大概只有棒球大小；也就是說，物質內部絕大部分的空間都是空的，而且是不折不扣的真空，裡面什麼都沒有！這一個科學事實，居然和佛陀（約公元前五百年）兩千多年前所理解的世界本質相去不遠。

　　隨著近代物理的突飛猛進，科學家們也漸漸了解到物質或能量都具有「波粒二象性」。所謂的物質既是粒子，也是波動；你說它是粒子，它卻具有波（非物質）的特性；你說它是波動，它卻表現的像一顆顆實存的粒子。這不就是「色即是空，空即是色」嗎？

　　在佛家的理論中，世間萬事萬物都不實存，而是由「因緣」聚合而起的。從目前所知的物理理論來檢視，物質確實是一顆顆極小的「能量包」所構成，並不是想像中「摸起來硬硬的、很實在」的粒子。（至於為什麼「摸起來硬硬的」，那是粒子間作

用力所致。）也可以說，真的沒有「物質」！

　　當然，有些人依據上述的推論，硬是要說佛家的說法「很科學」，那就犯了邏輯上「因果倒置」、「錯誤類比」的錯誤。我們千萬要記得，一項理論科不科學，還是要用科學方法去檢證才行。比如說，「因緣」的定義是什麼？如何觀察？如何測量？如何作實驗……都是很重要的。

　　還是要回歸到科學態度，妥慎的分離不同領域的知識——讓信仰歸信仰、人文歸人文、科學歸科學——新約聖經所言：「讓凱撒的歸凱撒，上帝的歸上帝」，才是正確的態度。

2-2 原子的尺度與結構

本節對應課綱			
主題	次主題	學習內容	學習內容說明
物質系統	自然界的尺度與單位（Ea）	PEa-Vc-3 原子的大小約為 10^{10} 公尺，原子核的大小約為 10^{15} 公尺。	10^{-10} 10^{-15}
自然界的現象與交互作用（K）	基本交互作用（Ke）	PKe-Vc-1 原子核內的質子與質子、質子與中子、中子與中子之間有強力，使它們互相吸引。 PKe-Vc-2 單獨的中子並不穩定，會透過弱作用（或弱力）自動衰變成質子及其他粒子。 PKe-Vc-3 自然界的一切交互作用可完全由重力、電磁力、強力，以及弱作用等四種基本交互作用所涵蓋。	1-4 說明原子為電中性，內部有帶正電的原子核，帶負電的電子則環繞於原子核外。 1-5 說明原子核內有帶正電的質子與不帶電的中子。 1-6 說明質子、中子尚有內部結構，而且是由夸克所組成的。 · 不需說明夸克的種類及所帶電荷。本說明的主要目的，僅在於讓學生認識：實驗顯示質子與中子仍有內部的結構，理論上可以經由「夸克」來解釋，而此概念也被進一步的實驗所驗證。

本節所對應課綱中可有的學習表現：

ti-Vc-1　　能主動察覺生活中各種自然科學問題的成因，並能根據已知的科學知識提出解決問題的各種假設想法，進而以個人或團體方式設計創新的科學探索方式，並得到成果。

tm-Vc-1　　能依據科學問題自行運思或經由合作討論來建立模型，並能使用例如：「比擬或抽象」的形式來描述一個系統化的科學現象，進而了解模型有其侷限性。

ah-Vc-1　　了解科學知識是人們理解現象的一種解釋，但不是唯一的解釋。

an-Vc-1　　了解科學探究過程採用多種方法、工具和技術，經由不同面向的證據支持特定的解釋，增強科學論點的有效性。

　　原子的概念從哲學性慢慢地跨入了科學實證，也從不可分割性的最小粒子，開始被探討有沒有組成原子更基本粒子？

　　早期的科學家喜歡在玻璃管中做實驗，因可以直接觀察到實驗的結果。為了讓實驗結果單純化，大家也開始想辦法移除玻璃管內的空氣，形成「真空」狀態。十九世紀，麥可‧法拉第在真空的玻璃管中施加電流，卻發現了在陰極和陽極之間有一道奇怪的光弧。而後續科學家也發現此發光的方式與一般當時常用的燭光不同，並不是朝著所有方向發射，而總是朝著陰極表面的方向發射，因此，稱之為陰極射線。

　　之後，英國物理學家湯姆森利用帶電粒子在外加磁場下轉彎的概念，證實了陰極射線其實是帶著負電荷的粒子流，並測出這種粒子的電荷與質量比；也發現不同材料皆存在這樣的粒子。因此，湯姆森進一步推論這種帶電粒子應該是每個原子中都有，後來被定名為「電子」──這實驗具有劃時代的啓發性，使世人知道有比原子還小的基本粒子存在，湯姆森也因此獲得了諾貝爾獎。

　　米立坎（Millikan）利用油滴實驗，來測量小油滴上所帶的電量，觀察到油滴所帶電量都是一個簡單整數比 —— 帶電量存在一個最小單位，要不就增加或減少整數個，沒有多或少半個的，這個帶電量就稱為基本電荷（1.6×10^{-19} 庫侖）。而所有的物體帶電皆為基本電荷的整數倍。綜合湯姆森（電子荷質比）與米立坎（電子帶電量），可推得電子的質量為 9.11×10^{-31} 公斤。

　　但因為這些帶負電的基本粒子會互相排斥。因此，湯姆森認為若所有原子都具有多個此粒子的話，為了要保持電中性而彼此能穩定存在於原子中，電子就應該均勻的分布在帶正電的原子環境中 —— 這樣的模型依照當時歐洲常見的甜點命名，稱之為葡萄乾布丁模型。

　　而曾跟隨湯姆森一起做研究的拉塞福（當時已因研究放射物質，獲得了 1908 年的諾貝爾化學獎）認為，要了解布丁裡面有什麼，就像小孩子探索的精神一樣，用手指頭伸進布丁中是最直接的方式。他於是指導學生使用帶正電的 α 輻射線（α 粒子）來撞擊金箔。用帶電的粒子的原因是能夠用電場對粒子進行控制與加速，而 α 粒子相較於電子具有極大的質量，也能產生相對較高的動能，有點像「大車撞小車」。本來根據葡萄乾布丁模型預期能夠觀察到很小的 α 粒子偏折，但實際卻發現，有99%的 α 粒子僅有很小的偏折角度；但有極少數的粒子大於 90° 的散射，甚至以接近 180° 的角度反向彈回（約萬分之一的機率，因此若拉塞福忽略這個數據，可能就錯過了這個重大的發現）—— 大車撞小車，卻發現大車被撞歪得很嚴重，甚至 180° 反彈 —— 被拉塞福稱作是他此生最難以置信的事情。他形容這就好像你朝著一張衛生紙發射 15 吋的砲彈，而這個砲彈卻彈回來打中你一樣[4]。

4　*Concepts of Modern Physics*, p.139.

　　這說明原子的質量及電荷並非均勻分布，其中有很大空間是空的。而且，原子中必然有一個帶正電荷的核，原子質量皆集中於這個大小僅為原子大小的十萬分之一 (~10^{-15} m) 的核，稱之為原子核——這相當於在一個直徑 200 公尺的運動場中央放一個新臺幣一元（直徑 2 公分）的比例——這樣的洞察推翻了由電子的發現者湯姆森所提出的葡萄乾布丁模型。

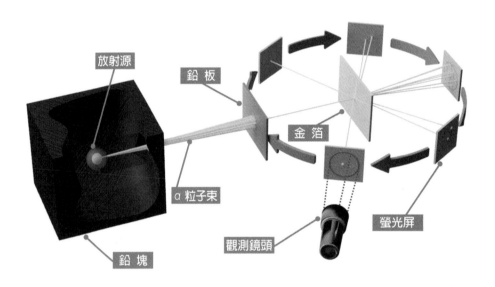

放射源

鉛 板

金 箔

α 粒子束

螢光屏

觀測鏡頭

鉛 塊

▲ 圖三　拉塞福散射實驗示意圖

　　拉塞福於是提出，原子的模型應該太陽系一樣，帶負電的電子繞著帶正電的原子核運轉。然而，這模型在當時並沒有被普遍接受。因為電子是帶電的粒子，若以圓形的軌道運行，電子將邊運行邊輻射出電磁波（帶電粒子的加速運動會放出電磁波）。根據能量守恆定律，運行軌道將越來越小，在很短的時間內與原子核相撞，而無法使原子穩定存在。

　　為了解決這難題，波爾結合當時剛萌生的量子力學新觀念，提出若電子的運行符合某些量子力學限制的圓形軌道上時，則能使電子穩定持續於軌道上運行而不散失能量，成功的解釋氫原子受激發時的光譜。以現代的量子力學觀點來說，波爾的原子模型並不盡正確，但也的確做出了極具關鍵的階段性貢獻。

　　此外，拉塞福的撞擊實驗也啟發了後續科學家對基本粒子的研究方法。如之後拉塞福又以 α 粒子束撞擊 N 的原子核，進而發現質子（proton，可視為 H 的原子核），質子的帶電量與電子的帶電量相等，但質量則比電子大的多，約為電子的 1840 倍。

　　其他科學家也發現，除了氫原子以外，其他原子的質量都比其質子總質量及電子總質量加起來還要大很多。再因為質子數與電子數相同且帶電量相反，兩者帶電量相抵消已呈現電中性。可以推論原子中應該還有一種不帶電的粒子存在，而這種粒子也應該在原子核內。直到英國查兌克使用鐳所放射出的 α 粒子束去撞擊 Be 原子核，終於發現不帶電荷，且質量近似且略大於質子（1.673×10^{-24} g）的中子（neutron）。大家才逐漸了解原子核是由質子與中子所組成，兩者統稱為核子 （nucleon）。

　　一般中性原子的質子數等於電子數，且質子數又能表示出原子的質量的大小，所以科學家將原子按照質子數的多寡來排列，就如同座位表中的座號一樣，形成了「元

素週期表」。元素週期表中的原子序 [Z] 即為質子數。而原子核中的核子數，即質子數與中子數的和，稱為質量數 [A]。若 X 表示某化學元素，則原子核的符號以 $^A_Z X$ 表示。所以，我們也可藉由 A-Z 得到原子核中的中子數 [N=A-Z]。而電中性的原子，其電子數則與質子數相等。

以下舉例說明原子核符號的表現方式：

氫 $^1_1 H$：表示氫原子核內有一個質子、沒有中子；原子核外有一個電子。

氧 $^{16}_8 O$：表示氧原子核內有 8 個質子、8 個中子；原子核外有 8 個電子。

鉛 $^{206}_{82} Pb$：表示鉛原子核內有 82 個質子、124 個中子；原子核外有 82 個電子。

思考與應用 ▶▶ 核分裂與同位素

拉塞福所使用的 α 射線 (α 粒子) 可藉由下列衰變反應而來，稱之為 α 衰變。

$$^{238}_{92} U \rightarrow {}^{234}_{92} Th + {}^4_2 He$$

在這反應中，放出的 α 粒子就是氦核，使得反應物質量數減少 4，原子序數減少 2。因為反應的本質是一個原子核反應生成兩個原子核，所以 α 衰變也是一種核分裂的反應。

目前週期表上有 118 種元素，但其實原子核的種類不僅有 118 種。因為原子核是質子及中子的組合，假使質子數相同，中子數不同，就會形成不同的原子核。目前已有 3000 個以上的不同原子核被發現，稱之為同位素（Isotope）。例如：大家較為熟悉的「碳」元素，包含了碳 12、碳 13 及碳 14 三種同位素，這三種碳皆有 6 個質子，

但中子的數目分別為 6、7 及 8 個。

　　同位素聽起來或許認為與生活上無關，但其實可以利用作為農產品的檢測，如咖啡。若咖啡使用的是化學肥料時，由於化學肥料的氮來源是來自於大氣，所以其咖啡中可以檢測到的都是 $_{14}NH_3$。而其含有的 $_{15}NH_3$ 值則約為 0 ‰。但若咖啡使用的是有機肥，有機肥則多為動物的排泄物，動物排泄物的 $_{15}N$ 值較高，約 10~25 ‰。而目前咖啡產地的鑑定主要就是用這個原理，如臺灣種植咖啡時多用有機肥，所以 $_{15}N$ 值較高[5]。

更基本的粒子：質子與中子的內在結構

　　自從中子發現後，原子模型似乎有了完美的答案。（至少我們小時候念高中物理就這樣教）認為基本粒子只有四種：光子、電子、質子和中子。但還是有一部分科學家因為撞擊實驗也啓發了一種猜想，若撞擊能量越大，是不是就越有可能發現新的粒子？這就像車子相撞時速度越快、動能越高，就越有可能將來車撞得更支離破碎！（請勿在家實驗）

　　因此，大家紛紛興建「加速器」來將粒子加速得更快。加速器也成為研究各種基本粒子的特性的重要工具。加速器的能量越來越大，發現的新粒子也越來越多，因此研究基本粒子的物理學也被稱為高能物理學。如目前位於瑞士日內瓦大型強子對撞機（Large Hadron Collider, LHC），於 2010 年 3 月 20 日進行了粒子撞擊實驗中，就

5　廖文昌、連經憶（2018），〈2019 國際元素週期表年（IYPT）：同位素之簡介及應用〉，《臺灣化學教育》，2018 年 1 月號。

創造了 7TeV 的龐大能量[6]。

　　1930 年代後，新粒子不斷地在宇宙射線和能量越建越高的新加速器中被發現。美國物理學家蓋爾曼（Gell-Mann）提出夸克（Quark）假設，認為質子和中子都是由更小、更基本的夸克所組成。統整了這些基本粒子，使得組成宇宙的基本粒子能夠以較簡單有序的方式呈現，並得到了實驗的證實。

▼ 表一　物理學家現已證實有六種夸克存在，可以留意到帶電量非整數個電子

中文名稱	英文名稱	符號	帶電量（e）
上夸克	Up quark	U	+2/3
下夸克	Down quark	D	-1/3
粲夸克 / 魅夸克	Charm quark	C	+2/3
奇異夸克 / 奇夸克	Strange quark	S	-1/3
頂夸克 / 真夸克	Top quark / Truth quark	T	+2/3
底夸克 / 美夸克	Bottom quark / Beauty quark	B	-1/3

　　帶正電的質子由三個夸克（uud，二個上夸克及一個下夸克）所組成；而不帶電的中子則由三個夸克（udd，一個上夸克及二個下夸克）所組成。

　　由質子與中子的組成可以知道，電荷及質量維持守恆。

　　而質量跟電子一樣較輕的其他基本粒子也陸續被發現，這類基本粒子被稱為輕子（Lepton）。電子是宇宙中最穩定（因此最常見）且質量最輕的輕子，此外還有渺子

6　維基百科：大型強子對撞機。

（μ）以及濤子（τ）。而 μ 子與 τ 子因為會很快地衰變成電子，所以並不容易觀察到。如因為 μ 子與 τ 子必須經過高能量碰撞來產生，所以需要使用粒子加速器來進行相關實驗。

▲ 圖四　輕子表

　　另外還有三個微中子（Neutrino）。微中子不帶電，分別為電子微中子、渺子微中子，以及濤子微中子。

　　了解這些基本粒子後，可以理解適當比例的夸克和輕子可構成各種原子。但彼此間是透過怎麼樣的作用力組成在一起？這又包含了對基本作用力的理解。若能對基本粒子加上基本作用力有一定的理解或許就能解釋宇宙萬物的許多現象。這或許也是為什麼理查‧費曼於 1961 年在大學物理系新生第一堂普通物理課上說出「所有的東西都是由原子構成的，而原子是不停在運動的小粒子，分開遠一點時彼此有吸引力，但非常靠近時卻又會互相排斥。」這短短的對原子的論述，或許是未來假設發生大災難人類可以留給後世的一段重要知識。

跨領域素養 ▶▶ 「小，還要更小」的莊子

　　在莊子（約 369-286 B.C.）〈天下〉篇中談到：「一尺之棰，日取其半，萬世不竭。」棰是木棍。一尺長的木棍，每天都取它的一半，永遠都取不完──意思是萬物都有無窮的可分解性；也可以說，無論再怎麼小的東西，都是由更小的東西所組成的。這種「無窮」的概念，和前面談到的亞里斯多德哲學相近，也和數學上「無限小」的觀念相合。

　　然而，這種純抽象的辯證推理，可以在物理實證上站得住腳嗎？

　　1940 年代以前，科學家認為質子、中子、電子等就是「基本粒子」，已經不可能再被分割。（直到我的中學物理課本上，也都還是這樣寫。）然而接下來，隨著探測方法的改進和發明，陸續在這些基本粒子中，又發現了 V 粒子、超子以及一百多種其他粒子。也就是說，基本粒子並不那麼「基本」，在其內部還有更基本的成分，莊子式的概念又復活了。

　　1961 年的諾貝爾物理學獎得主霍夫斯塔特（Robert Hofstadter, 1915~1990）更進一步發現，質子和中子被一個約 10^{15} 公尺的空間所拘束包圍。也就是說，以上的一百多種「基本粒子」不可能都是最小單元，它們由更「小」的東西組成。反過來又印證了莊子〈天下〉篇中惠施（莊子的辯友）說的另一段話：「至大無外，謂之大一；至小無內，謂之小一。」最大的東西（宇宙）沒有「外」部結構，最小的東西沒有「內」部結構，還可以繼續分解下去。

　　從那之後，基本粒子的發現，主要依賴實驗方法。最重要的實驗方法，就是利用本節所提到的「加速器」，將很小，甚至是手頭上最小的粒子，比如電子，拿去撞擊其他的粒子，然後試著從「碎片」中，去發現有沒有更小的粒子？目前為止，所發現的就是六種夸克和電子，應該是最小、最基本的粒子。然而，邏輯上並沒有物理學家敢保證，加速器不會撞出更小的東西。

　　在這也要請同學在腦中作一個思考實驗（這就是理論科學家常做的事）：以往的實驗都是用最小的粒子去撞擊其他的粒子，才會發現大粒子是由更小的粒子所組成，那麼，如果用「最小」的粒子去撞「最小」的粒子，能不能撞出「更小」的粒子呢？

　　莊子一定很想跟你討論這個問題。

2-3 基本交互作用

本節對應課綱			
主題	次主題	學習內容	學習內容說明
自然界的現象與交互作用（K）	基本交互作用（Ke）	PKe-Vc-3 自然界的一切交互作用可完全由重力、電磁力、強力，以及弱作用等四種基本交互作用所涵蓋。	1-3 說明大自然的聲、光、熱、電等現象，都可以用原子（或更基本的粒子）之間的交互作用來解釋。

本節所對應課綱中可有的學習表現：

tr-Vc-1　能運用簡單的數理演算公式及單一的科學證據或理論，理解自然科學知識或理論及其因果關係，或提出他人論點的限制，進而提出不同的論點。

tm-Vc-1　能依據科學問題自行運思或經由合作討論來建立模型，並能使用例如：「比擬或抽象」的型式來描述一個系統化的科學現象，進而了解模型有其侷限性。

pa-Vc-2　能運用科學原理、思考智能、數學、統計等方法，從探究所得的資訊或數據，形成解釋、理解、發現新知、獲知因果關係、理解科學相關的社會議題、解決問題或是發現新的問題，並能將自己的探究結果和同學的結果或其他相關的資訊比較對照，相互檢核，確認結果。

　　科學家們逐漸解開組成物質的基本粒子：有的有帶電，有的不帶電。有的重，有的輕，它們是彼此如何交互作用而形成物質的呢？

　　我們把這些基本粒子或所形成的物質間彼此作用的物理量，又稱為「力（Force）」。依基本粒子間或其形成的物質間的交互作用分為：「引力作用」、「電

磁作用」及「核子作用」。對應於這些作用就有三種基本型式的力：「引力（又稱重力）」、「電磁力」及「核子力」。

引力

引力定律是由英國科學家牛頓在 1687 年於《自然哲學的數學原理》上所發表。此力其大小與相互作用的物體質量乘積成正比，而與物體間的距離平方成反比。從上述關係中也可以知道這樣的力，也會存在於任何具有質量的物體之間，所以也稱為「萬有引力」。

因為引力與物體質量乘積成正比，所以兩個質量不大的物體乘積也很小，因此彼此間的引力相對下也非常小，例如：若有 2 人體重都是 60 公斤，若彼此距離 10 公尺時，兩者間的引力只有約 20 克。[7] 另一個例子是，原子與分子間、電子與原子核間雖然距離很近，但因為質量相對下真的太輕了，所以在原子尺度下的引力若與電磁力相比，在討論因作用力產生的物理現象而言，常被忽略不考慮。

但星體間，引力則是扮演主導的角色，如地球與太陽的引力有 3×10^{18} 噸，與月亮的引力也相當大，因此也形成了潮汐漲落。而宇宙中相隔非常遙遠的星系，也有相互作用的引力。因此，引力也是一種屬於「遠距離的作用力」。

我們之所以能夠穩定的站在圓形的地球上，也是因為地球的質量相對非常大，可產生吸引力將人穩定的吸住，這就是地心引力──若某人體重 60 公斤，即指地球以 60 公斤的力吸引他的身體。同理，若是太空人到月球上，其因為月球質量大約是地球

7　蘇明德（2018）。〈介紹自然界的力〉。《科學月刊》，第 586 期。

的六分之一，所以人受到的引力也只有在地球上的六分之一，也就是 10 公斤的力（但質量還是 60 公斤，沒有比較瘦）。

　　牛頓萬有引力的發現也對宗教所描繪的宇宙觀引起了革命性的衝擊，進而影響了政治與社會經濟。證明科學並非與社會發展獨立進行，而是互相關聯。現在科學家已經能夠根據太陽對行星的吸引力，以及行星間的相互作用力，精確地計算行星的軌道。這也是物理學領域中，理論跟實驗何者重要的辯證實例──之前提到了許多科學發現都是從觀察實驗來的。但牛頓的萬有引力理論，則可以讓科學家在藉由天文望遠鏡觀測星球前，就可以利用純理論方法預測是否有未知星球的存在。探究與實作兩者間，實際上交互需要：只有思考探究沒有實驗證明，容易淪為空想；只有實作觀察，則沒有彙整出普遍性的結論與知識。

電磁力

　　電磁力也是我們生活周遭感受到的現象的主要來源。大小超過原子尺度以上的現象，除了引力以外，大多數可歸類為電磁力所造成。也可以說，日常生活中所遇到的物質內部性質中，電磁力扮演重要角色。如分子與分子之間彼此交互作用（分子間作用力），就是電磁力的一種形式，促使一般物質呈現出各種各樣的物理與化學性質。所以我們摸到鋁板會覺得「硬硬的」；摸到膠帶會覺得「黏黏的」；戳到麵團覺得「軟軟的」……都可以說是電磁力的作用。

　　電荷（Electric Charge），作為電磁力的要素之一。早於電子發現約兩百年前。班傑明・富蘭克林把電荷劃分為「正電荷」和「負電荷」，是物質的一種物理性質。

他稱帶有電荷的物質為「帶電物質」，並提出了電荷守恆定律：

1. 電荷既不能創造，也不能消滅。帶電量的改變主要是電荷從一個物體轉移到另一個物體，或從物體的一部分轉移到另一部分的結果。在轉移的過程中，系統的總電荷數守恆。

2. 一個與外界沒有電荷交換的系統，系統的總電荷數守恆。

從上述定律可知，物體之所以會帶電，都是電荷發生轉移的結果。例如：由絲綢摩擦的玻璃棒所帶的電荷叫做正電荷，由毛皮摩擦的橡膠棒所帶的電荷叫負電荷。直到後來發現了電子，才知道所謂的電荷轉移其實都是電子轉移，並非正電荷轉移。物體不帶電就是電子數與質子數相等，物體帶電則是破壞了這種平衡，而帶正電與負電則取決於得到電子或失去電子。

電磁力是在電磁場下電荷、電流所受力的總稱。

1785 年法國科學家查爾斯·庫倫通過扭秤實驗得出庫侖定律：

$$F = kQ_1 Q_2 / r^2$$

Q_1 及 Q_2 為兩點電荷的電量，r 是兩質點間的距離，k 為庫倫常數，目前公認值為 8.99×10^9 N.m^2/C^2。

這式子的物理意義是兩個靜止的點電荷之間的作用力與此兩個電荷帶電量的乘積成正比，和兩者之間距離的平方成反比。同性電荷相乘為正，表示兩者互相排斥；異性電荷乘積為負，表示兩者互相吸引。而其作用力的方向，則是沿著兩個點電荷的連線。庫侖定律是電學發展史上的第一個定量規律[8]，使得電荷間彼此的作用有了定量的

8　維基百科：Coulomb's law。

理解與描述，也被視為是電磁學和電磁場理論的基本定律之一。

　　電磁力是電荷、電流在電磁場中所受力的總稱。兩個帶電物質之間會互相施加作用力於對方，也會感受到對方施加的作用力。同種電荷互相排斥，異種電荷互相吸引。靜止的帶電粒子會產生電場，移動中的帶電粒子會產生電磁場，帶電粒子也會被電磁場所影響。一個帶電粒子與電磁場之間的相互作用，稱為電磁力或電磁相互作用。

　　地球上讓指南針能夠穩定的指向同一方向的磁力，又要怎麼解釋呢？

　　地球本身可被視為一個巨大的磁鐵。磁力來源由於來自於地球內部，尚無法準確計算及探測，只能定性解釋應該與地球內部的液態金屬流動有關。其 S 極在地理北極附近，兩者相距 1000 公里（略小於 3 倍臺灣長度），而其 N 極則在地理南極附近；磁場的分布與一個巨大的磁棒相似，與地球自轉軸有 11° 的夾角。若將棒狀的磁石懸掛起來，有一端會指向地球北方，稱為地磁北極；另一端朝向地磁南方，稱為地磁南極。而由於地磁北極與地理北極並非同一點，所以磁石 N 極所指示的北方與真正的地理位置北方有一些偏差，這個偏差角度稱為磁偏角。中國宋朝沈括在《夢溪筆談》中提到「方家以磁石磨針鋒，則能指南……，然常微偏東，不全南也。」這應該是人類歷史上最早發現磁偏角的觀察紀錄[9]。而另一個值得留意的是，由於地球是圓的，磁場作用並非與地表完全平行，所以地表上的磁針方向也會與水平面呈現一個夾角，則稱之為磁傾角——地球科學課堂上一定也會談到。

　　那麼電荷或電流產生的電力與磁力是怎麼把作用傳遞到另一個物體上呢？

9　高瞻自然科學教學資源平臺：地磁，國立臺灣師範大學地球科學系研究所周子宇碩士生 / 國立臺灣師範大學地球科學系劉德慶教授責任編輯。

英國科學家法拉第的貢獻之一便是第一個用「場」（Field）的概念引入物理學，來描述電力與磁力是如何由一個物體產生並作用在另一個物體上 —— 這就是力與場概念的關係，也因此有了「電場」與「磁場」的概念。電場的定義即是單位電荷所受的力。磁場的定義較為複雜，與電流大小（也就是電荷移動的速度大小）及移動的方向有關。若正電荷移動的方向與外加的磁場方向相互垂直，電荷會受到另一個與這兩個方向都垂直的磁力影響，而磁場的定義就是磁力除以其單位電荷與速度的乘積。

科學上電場線的定義是起始於正電荷，終結於負電荷，且因為電場的方向就是正電荷受力方向的合力，因此，電場線並不會相交（否則電荷會同時有機會往不同方向跑，不合理）。而如何描述電場大小呢？科學上常用電場線的密度來描述。但其實電場線的多寡取決於「鉛筆筆芯有多細」 —— 電場其實只是科學家們想像來的概念，用來協助解釋電力的作用，並沒有規定確切的電場線該畫多少。但為了能夠表示出任意一處電場的強弱，仍可以電場線的密度來呈現電場的量值。

而磁場線呢？若在磁鐵棒附近撒下細小的鐵粉，就可以觀察到特定的鐵粉分布曲線。這些曲線是由磁場所造成，這就是磁場線的概念。同樣的，磁場線也是由定義而來，在磁鐵的外部，磁場線由 N 極出發到 S 極，在磁棒內部再由 S 極回到 N 極。但與電場線不同的是，電荷可以單獨存在，所以電場線可以只有出發沒有終點，不一定要是封閉的曲線。但目前實驗上尚未發現單獨存在的 N 極或 S 極，因此，磁場線應該為封閉曲線。磁場線的密度如同電場線，也可用來表示磁場的強度。

而電力與磁力都與電荷或與流動中的電荷（電流）有關，怎麼找到兩者之間的關聯，也是科學家一直想解決的問題。同性電荷相斥，異性電荷相吸。假使電荷是相對

靜止的，那麼電荷只需藉由電場而產生相互作用。但當電荷開始運動，電荷便會在周圍空間產生與電場並存的磁場。這磁場的大小、方向與電荷的遠近及電荷運動的性質有關。所以，電場與磁場則是極緊密地相互聯繫著。法拉第發現變動中的磁場也會感應出變化的電場；馬克士威推測變動中的電場也會感應出變化的磁場，後來也被證實。整個電學、磁學及電磁感應的電磁學也被建立。

除了引力外，像是推力、阻力、浮力、摩擦力，只要是原子核外電子間的交互作用都可以歸類在電磁力。而現在的電子、通訊等產業也都是與電磁力有關（電子怎麼運動、電磁波怎麼傳遞），也可以說電磁力的研究與發現主導了現代人類文明發展的重要基石。

探究與實作 ▶▶ 靜電馬達

自己發明構建一個簡單的馬達，推進力來自於尖端放電。探討研究影響馬達的運動的相關參數，並在固定輸入電壓下優化設計以獲得最大速度。

器材：靜電棒 x1、晶晶杯 x5、1cm 寬晶晶膠帶 x1、1cm 寬 40cm 長鋁箔膠帶 x1、1cm 寬 40cm 長銅箔膠帶 x1、鋁箔 30cmx60cm、氣球桿及座 x1、螺絲 x1、美式圖釘 x5 根、鐵夾 x2、直尺 x1、量角器 x1、手機（自備）、文具（自備）、電腦（自備）。

參考資料：2020 第三屆全國高中物理探究實作競賽題目。

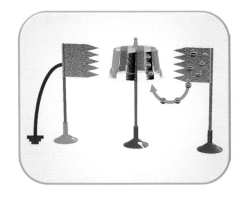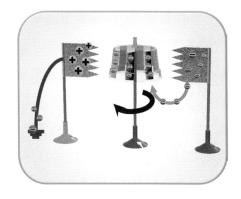

▲ 圖五　靜電馬達示意圖

核子力

　　具有質量的粒子間皆具有萬有引力，而具有電荷的粒子則會受電磁力影響。而我們可以理解在原子的尺度時，粒子雖然近但因為原子內的粒子質量實在太輕，所以粒子間萬有引力遠小於電磁力的作用。但有趣的問題是，電子與裡頭有質子的原子核互相吸引，依據量子力學的模型可以穩定的存在。但原子核內除了氫原子核外，都具有不只一個質子，而如拉塞福散射實驗的結果，原子核的體積又非常的小，裡頭這些質子與質子間距離也因此非常的近，應該會有極大的靜電排斥力。那麼到底這些質子是靠怎樣的交互作用（力），而能夠穩定的存在於原子核中呢？若此力比電磁力還強大，那麼為何先前的科學家並沒有發現呢？

　　此問題可以分成兩個部分來思考，同學也應該有機會猜的到：

1. 原子核中必定存在一個強度比電磁力強的作用力，能克服質子與質子間互相排斥的電磁力，使得質子與質子能夠穩定存於原子核這樣的小空間。

2. 這個作用力的作用範圍應該非常短，短到雖然這個力非常的強大，但在日常生活的尺度中不易被觀察到。（作科學研究應該常思考，為何別人看不到，而你看的到；或為何別人看的到，你卻看不到。若能想通，那就離釐清問題跨進一大步。）日本科學家湯川秀樹於 1935 年提出，強作用力來解釋上述問題：

強作用力為自然界中最大的作用力，在原子核內的強度約為電磁力的 100 倍。夸克間的作用力皆為強作用力，藉此形成質子與中子。這樣的力也存在於原子核內部質子與質子間、中子與中子間、質子與中子間。這個強交互作用能夠在原子核內部產生與電磁力相抗衡的吸引力，使原子核內之粒子能夠穩定結合在一起。

強作用力的範圍極小（距離小於 10^{-15} 公尺），差不多就是原子核的大小，所以一般只存在於原子核內，屬於短程力。若距離超過 10^{-15} 公尺，則強作用力便迅速衰減，在日常生活中不易察覺。

此外，十九世紀末，物理學家發現某些物質有放射性——它們會射出東西來。這些射出物可以分成三類，即大家聽過的 α 射線、β 射線、γ 射線。其中 α 射線是氦（He）的原子核，而 γ 射線是 X 光。到了二十世紀初，科學家也確認 β 射線是電子射線。

β 射線若只是來自於原子核外的電子，應該不會有這麼高的能量。而原子大部分是空的，若非由原子核外面來的，那就只有從原子核裡面來的可能性。後來證實 β 射線是原子核衰變過程中的產物，進而產生 β 射線，所以稱之為 β 衰變——大致上

就是 A 原子核放射出一個電子，轉變成 B 原子核。A 原子核的質量數（質子與中子數目之和）與 B 原子核的質量數相同，但是 B 原子核的質子數目卻比 A 原子核的質子數目多了 1 個（因為電荷量要守恆）。換句話說，β 衰變即是原子核內的某個中子轉變成質子，並發射出電子。例如：鈷 60（質子數 27）可衰變成鎳 60（質子數 28）及電子。

　　這推論看似可完全解釋 β 射線的成因，但 β 衰變的電子射出的電子並不具有固定的能量，不符合能量守恆與動量守恆這兩個定律。因此，沃夫岡・包立就推測 β 衰變中的中子衰變後，除了出現質子與電子之外，還需存在一種質量極小的粒子（所以之前沒被發現），而這個粒子是中性的（才遵守電荷守恆）。而後的實驗證實了這個想法，這個中性粒子現在被稱為「反微中子」。因此鈷 60 β 衰變則應是：鈷 60 → 鎳 60 ＋電子＋反微中子。而補上這個反微中子的能量與動量後，就會遵守能量守恆與動量守恆了。

　　β 衰變也不能用已知的強作用力、電磁力、重力去解釋。而由於 β 衰變發生的頻率很低（跟強交互作用相比），也就是說遠比強交互作用更不容易發生。所以，可以推論造成 β 衰變的作用也一定比強交互作用來得弱，被稱之為弱交互作用（力）。

　　已知的四種基本交互作用力（重力、電磁力、強作用力、弱作用力）之中，弱交互作用的概念最抽象，但弱交互作用在生活中卻扮演著重要的角色。比如太陽所發出的反應，是靠著弱交互作用所造成的一連串的核融合反應。因為核融合反應是弱作用力，發生機率低，作用得很慢，所以太陽內質子的平均壽命足夠長（幾百億年），不會一下子全燒光光，長到足以出現到現在的我們。

　　更似精密設計的巧合是，太陽弱作用產生的核融合伴隨而來的微中子，每秒鐘有 50 兆個穿過我們的人體[10]。也因為微中子與我們身體物質的交互作用很弱，我們也才沒有感受到，並穩定的生活著。當你越了解物理，應該會更珍惜目前讓你存在的無數巧合。

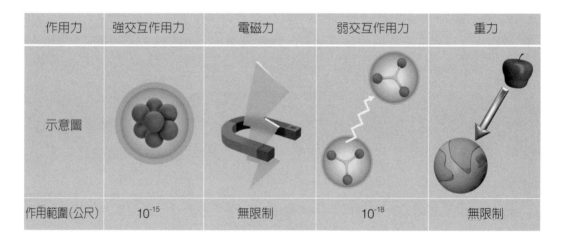

作用力	強交互作用力	電磁力	弱交互作用力	重力
示意圖				
作用範圍(公尺)	10^{-15}	無限制	10^{-18}	無限制

▲ 圖六　四種作用力示意及作用力範圍比較圖

10　高涌泉，〈弱交互作用有什麼用？〉，《科學人雜誌》2009 年 2 月號 https://sa.ylib.com/MagArticle.aspx?Unit=columns&id=3522

03

物體的運動

3-1 物體的運動

本節對應課綱			
主題	次主題	學習內容	學習內容說明
物質系統	力與運動	PEb-Vc-1 伽利略之前學者對物體運動的觀察與思辯。	1-1 介紹伽利略之前，學者對物體運動的觀察與思辯歷程。 透過完整的運動學思辯歷程，說明人類對自然現象的關注，才會有科學的產生，並且引導學生了解科學並非憑空產生的想法。
		PEb-Vc-2 伽利略對物體運動的研究與思辯歷程。	此處介紹克卜勒行星運動定律的目的，是以此為例讓學生知道物體軌跡的確遵循已知的明確規律，而這些規律對於一般人而言，可能是極不明顯的事。如果不是克卜勒的發現，科學家可能還要摸索很久，才能確切了解這些規律的物理。 2-1 介紹伽利略對物體運動的研究與思辯歷程。

本節所對應課綱中可有的學習表現：

ti-Vc-1　　能主動察覺生活中各種自然科學問題的成因，並能根據已知的科學知識提出解決問題的各種假設想法，進而以個人或團體方式設計創新的科學探索方式並得到成果。

tr-Vc-1　　能運用簡單的數理演算公式及單一的科學證據或理論，理解自然科學知識或理論及其因果關係，或提出他人論點的限制，進而提出不同的論點。

an-Vc-1　　了解科學探究過程採用多種方法、工具和技術，經由不同面向的證據支持特定的解釋，以增強科學論點的有效性。

亞里斯多德的「輕重性」理論

　　人類的思考中，個別分類間的相關性與串聯，是從局部觀點到宏觀觀點的重要過程。若分類是個別而無法關聯的，則無法看透事物的全貌。正如同名偵探柯南辦案，每個線索必須有合理性的整體串聯。

　　在古希臘時期，亞里斯多德思考物質的分類，所引入分析及推理的邏輯架構，就具有互相關聯的特質。他進一步將土、水、氣、火再依物質運動狀態進行分類，土及水都往下移動，歸類為「重性」；而氣與火則都往上移動，歸類於「輕性」。而這些移動以當時的觀點來說，似乎都不需要任何「力量」，只是為了回歸「自然」屬性，因此將其歸類於「自然運動」。

　　他也觀察到，有些運動需要外部施力，如當時的交通工具馬車，馬一停、車就停了。這種車子的運動屬於「受迫運動」，而受迫運動不屬於往上運動，也不屬於往下運動，而是水平於地面方向運動。亞里斯多德認為水平運動的物體，一定需要施加外力讓他保持移動；一旦停止施加外力，物體運動會馬上停止。

思考問題 ▶▶ 提出與亞里斯多德不同的看法

　　從亞里斯多德提出的論述中，我們可以了解到他是一個極具邏輯分析能力的傑出觀察家。但你能否以生活經驗舉出與他觀察不同的物質組成分類或運動型態呢？

　　若你的生活經驗觀察結果與亞里斯多德的觀察不一致時，那你會認為誰才是對的呢？抑或你與亞里斯多德同場辯論，你會怎麼說服他相信你的觀點呢？請論述之。

討論

....

　　以物質的分類為例，或許以形狀的可塑性與否（剛性及柔性）作為一種分類的依據，如基本物質可分成柔性（可變形，如氣與水），以及剛性（不可變形，如土、金、木）。地球上生命體則可由基本物質符合剛柔並存的哲學，依不同的比例組成，如人類及不同動物等。也可依照不同比例區分生命體的屬性，是屬於剛性主導或柔性主導？以及如何彼此搭配？形成另一套假說。

....

伽利略對物體運動的研究與思辯

　　觀察的結果會影響後續的分析與邏輯推演。然而觀察並無對錯，只有角度的不同。如同飛翔在天空中的老鷹看人類，與地上的螞蟻看人類，可能會覺得人類是兩種不同的生物。因此，經過設計後的實驗來觀察，通常更能給出更接近於本質的物理定律，也顯現出探究實作的重要性。

　　伽利略可以被稱為是探究實作的先驅。相傳他為了反駁亞里斯多德所謂「若兩個物體從同高度同時落下，重物會先到達地面」的說法，在比薩斜塔進行了自由落體的實驗，相信課本裡一定有寫。當然，當初的實驗結果不盡符合今天的理論，但是，大家仍然推崇伽利略開啓探究實作的努力。

　　實際上，這種將物體從高處落下的實驗，由於所需時間極短，以當時的量測計時技術，可能不夠精確。因此，怎麼降低物體下落的速度，也是一個值得思考的方向——

於是伽利略開始展現他傑出的探究實作能力。物體自由垂直的落下的速度太快，但水平的時候又不會動。所以他設計了斜面實驗，透過改變斜面的角度，將物體的運動逐漸從垂直方向轉由水平方向，就可以控制物體落下的速度到可以較精準量測的範圍。進一步驗證了落體運動定律：

　　若不考慮阻力（如空氣阻力），物體落下的距離與落下時間的平方成正比。

　　伽利略也推論即使是兩個不同的物體（譬如一個金屬球和一根羽毛），若從同一高度落到地面，因為落下的距離只與落下時間平方有關而與質量無關，應該會在同一時間到達地面。

　　而這實驗也啓發了伽利略對物體慣性定律的精采論述。他從觀察中提出幾個有趣但重要的假想實驗：

　　從斜面上往下滑時，物體速度越來越快。

　　物體往斜面上移動時，速度越來越慢。

　　推論→物體水平移動時是否應該一直維持等速運動呢？

　　物體從斜面落下時，會達到另一個對向斜面的同樣高度。

　　推論→那若另一個對向斜面為水平面時，物體不就因為無法達到同樣高度而一直運動下去呢？

▲ 圖一　伽利略的斜面假想實驗示意圖

　　透過上述的假想實驗，伽利略推論出一個重要結論：

　　運動中的物體，在不受到外界的干擾下，這個物體應該要沿著一條直線，以不變的速度向前運動，永遠不會停。

　　而這樣的說法與亞里斯多德的水平運動時的說法不同，你認為哪一個是對的呢？（亞里斯多德認為水平運動的物體一定需要施加外力讓它保持移動；一旦停止施加外力，物體運動會馬上停止。）

思考問題 ▶▶ 跳山崖追飛機

　　1995 年上映的 007 系列電影《黃金眼》（*Golden Eye*）中有一幕，007 情報員龐德從山上一躍而下去追一臺失速掉落的飛機，鑽進座艙並將飛機重新掌握飛起。請就想像實驗，討論此情節的合理性？

討論

　　跳山崖追飛機的情節設計，若以單一的物理定律（如物體自由落下的速度，與落下的時間成反比，與物體的重量及形狀無關）來討論，當然會認為完全不可能——因為飛機先加速，龐德後加速，無論如何都追不上。

　　但在進行探究實作及觀察的過程中，你漸漸會發現，自然事物的觀察通常必須要動用多個物理定律才能解釋，這也是為何科學需經過長年的發展，逐漸從複雜的迷霧中才能找出自然簡單的規律。現實世界中，物體落下的環境都有空氣阻力，而空氣的阻力與物體的面積、速度有關，因此若考慮進去，加上龐德控制自己落下時的姿勢，追上飛機並非不可能。當然，如果要求精準，就需要給定相關具體的條件，通過詳細的定量計算才可能判別其可行性。（不過，若不是冒險衝動，那就不像 007 了對吧？）

　　這也是鼓勵探究實作的另一個主要目的：了解各種不同的因素及定律，更加理性的事物的合理性，並做出正確的判斷與選擇。

探究實作 ▶▶ 利用 Tracker 理解伽利略的研究

　　相較於以前，現今已有許多先進的量測設備或軟體協助我們進行自由落體實驗，如可下載免費軟體 Tracker 來協助運動中物體的定位，並計算其落體的速度與加速度。

　　請設計實驗測量物體落下的速度與時間的關係，並比較與伽利略斜面實驗的異同。

▲ 圖二　**Tracker 操作畫面 引自 https://www.youtube.com/watch?v=La3H7JywgX0**

　　接下來要利用物體位移、速度、加速度的定義，來解釋 Tracker 物理運動軟體的運算方式。我們可以先將物體設定為具有質量的點（質點），而暫時忽略物體的大小。質點從起點到終點的所行經的軌跡總長度稱為路徑長 L。連接起點到終點兩點間的向量，則稱為位移 $\vec{S}$。位移與運動過程（軌跡）無關，只與起點及終點的位置有關。

　　我們只先考慮一維的運動，因此也先略去向量符號。質點的位置可以用座標 x 來表示，假設在時間 t_1 時，其位置在 x_1；當時間在 t_2 時，其位置在 x_2。而質點的位置變化量$\Delta x = x_2 - x_1$，即為位移 S。若將位移 S 除以時間間隔$\Delta t = t_2 - t_1$，則稱為該時段內

的平均速度：

$$v_{av} = \frac{S}{\Delta t} = \frac{\Delta x}{\Delta t} = \frac{x_2 - x_1}{t_2 - t_1}$$

若將時間間隔Δt取得極小，所對應的Δx也變得極小，由此定義出的運動速度，則可稱為該時刻的瞬時速度。瞬時速度可以更精確的描述物體在某一時刻的運動狀態，也是位移的微分函數。雖然目前可能還沒學過微積分，但也可以利用 Tracker，將質點時距Δt逐漸變小，來感受瞬間速度等於微分值的概念。

路徑長的概念與位移不同。路徑長是純量，包含了質點運動的全部資訊。若是將路徑長 L 除以時距Δt，則可得到該時段內的平均速率 $v_s = \dfrac{L}{\Delta t}$，因此，平均速率也是個純量。

伽利略在研究斜面運動時，發現質點滾下的速度越來越快。反之，當質點滾上斜面時，速度則是越來越慢。因此表示有加速度的存在，若加速度為正值，速度則越來越快；若加速度為負值，速度則越來越慢。因此，平均加速度可以寫成：

$$a_{av} = \frac{\Delta v}{\Delta t} = \frac{v_2 - v_1}{t_2 - t_1}$$

也就是單位時間內瞬時速度的變化量。而若是Δt取得極小，由此定義的加速度稱之為該時刻的瞬時加速度。

而伽利略從斜面的實驗發現，質點沿斜面運動時，其加速度 a 為一定值，稱之為等加速度運動。等加速度運動是常見的運動，除了斜面運動外，自由落體運動（不考

慮空氣阻力下）也是等加速度運動。任何時刻都有相同的重力加速度 g=9.8 m/s²。若質點在 t=0 的時刻初速度為 0，其瞬時速度 v 與 t 的關係是：

v = at

而斜面沿著位移 S= Δx 與時間 t 的關係則為：

$$S = \frac{1}{2} at^2$$

你也可以試著利用乒乓球與高爾夫球兩種不同材質的球進行自由落體的實驗，並且利用 Tracker 分析其速度與加速度，試著比較兩者的結果與上述等加速度運動公式的差異性。

3-2　牛頓運動定律

本節對應課綱			
主題	次主題	學習內容	學習內容說明
物質系統	力與運動	PEb-Vc-4 牛頓三大運動定律。 PEb-Vc-4 摩擦力、正向力、彈力等常見的作用力。	4-1 簡單介紹克卜勒三大定律發現的歷史背景及內容。示範實驗：力學能守恆與運動。 ・ 可說明克卜勒定律是累積前人觀測資料之歸納性結果。 　 詳細敘述三個運動定律的意義，而敘述僅以定律之說明為主，不涉及公式之推導與計算。 ・ 僅以敘述方式說明可由運動方程式求得物體運動軌跡，不涉及軌跡數學式。 ・ 藉由第三定律的介紹，呼應前章節基本作用交互（力）的概念，並且具體說明作用力與反作用力的施者與受力者。 ・ 一方面複習國民中學階段所學，一方面以這些熟悉的力為例，說明力會改變物體的運動狀態。例如：如果沒有摩擦力，一個等速前進的物體將以等速度持續前進，不涉及摩擦係數的量值。

本節所對應課綱中可有的學習表現：

ti-Vc-1　能主動察覺生活中各種自然科學問題的成因，並能根據已知的科學知識提出解決問題的各種假設想法，進而以個人或團體方式設計創新的科學探索方式並得到成果。

（Ex：伽利略利用自製的計時工具探討斜面運動為等加速度）

tr-Vc-1　能運用簡單的數理演算公式及單一的科學證據或理論，理解自然科學知識或理論及其因果關係，或提出他人論點的限制，進而提出不同的論點。

（Ex：伽利略利用以數學演算搭配實驗數據探討斜面上的等加速度運動）

ai-Vc-3　體會生活中處處都會運用到科學，而能欣賞科學的重要性。

（Ex：思考並說明生活中隨處可能出現的作用力，以及這些作用力的效果）

第一運動定律

　　依據伽利略的斜面實驗觀察，在沒有外力的狀態下，如一開始物體就位於水平面，若物體一開始靜止，則會一直保持著靜止的狀態；而若一開始就以某個速度運動，如從斜面落下到水平面後，物體就沿著水平面運動，過程中不會碰到另一個斜面，則物體因為尋找不到讓它因為爬升而減速的水平面，因此，會保持原有的運動狀態及速度繼續運動而不會停止。

　　牛頓也以此觀察作為出發點，得到物體有傾向於維持原有狀態的傾向，稱之為「慣性」。因此，牛頓提出的第一運動定律（又叫做「慣性定律」）指出：「每個物體除非因為受到力的作用而被迫改變其狀態，否則會持續保持其原先靜止或等速筆直向前運動的狀態。」這和伽利略從滾動物體實驗所得到的運動規則，基本上是一樣的。

思考問題 ▶▶ 相對運動

　　假設有一物體（例如：一顆球），不受（淨）力地靜止於等速直線前進的高鐵車廂之中，請問相對於車廂中的觀察者而言，以及靜止於地面的觀察者而言，從不同角度來看牛頓的第一運動定律是否成立？

參考答案

　　對於高鐵車廂中的觀察者而言，他會觀察到這顆球靜止不動的停在一開始的位置上，會認為這是符合牛頓慣性定律的。因為不受外力，所以可以一直保留在靜止的狀態。而靜止在地面的觀察者會認為這顆球因不受外力而等速度一直前進，也符合牛頓慣性定律。之後你學到的物理會進一步把這些座標系稱為「慣性座標系」。在慣性座標系中，牛頓的慣性定律都成立。

延伸閱讀：高涌泉，〈牛頓第一運動定律的意義〉，《科學人雜誌》2011年5月號，
　　　　　https://sa.ylib.com/MagArticle.aspx?Unit=columns&id=3499

跨領域素養 ▶▶ 關於慣性 Inertia

　　牛頓第一運動定律早先被稱為「慣性定律」（Law of Inertia），認為物體的運動有其慣性（inertia），可以敘述為「動者恆動，靜者恆靜」。當然，從今日的眼光來看，這個敘述太過簡略，也缺乏邏輯上的完整性。動者如何動？靜者如何靜？都語焉不詳。

更進一步，人們觀察到要使物體改變運動狀態 —— 使「動」的物體變成「靜」或「動更快」；或使靜的物體動起來，都需要用「力」。而當你施力時，物體好像有一個「抗拒改變」的特質，也把它叫做慣性了。

雖然慣性現今不是定義良好的物理量，但畢竟被使用了那麼久，早就擴散到其他的領域，變成不同而類似的觀念。這種跨領域觀念擴散的情形並不少見，比如能量（Energy）、速度（Speed）、流（Flow）、場（Field）……都有類似的情形。

以慣性來說，可以用來指稱人的習慣、行為傾向。比如每天早上媽媽（或鬧鐘）叫你起床時，你會有「慣性」耍臭臉、發脾氣，也叫做「下床氣」。比如你刷牙時，會有一組你自己或許都沒察覺到的刷牙順序，先刷前面或後面、左邊或右邊等，那也可以說是慣性。比如說，老師出作業，有的習慣一下課就做，有人習慣最後一天、最後一刻才要做，那都可以說成是人的慣性。心理學上這一類慣性是由「潛意識」所控制，常常是不經意間日積月累重複同樣的行為所形成。最近的研究發現，我們也可以反過來利用潛意識 ——「刻意練習」某些想要培養的技巧，將它壓印進去潛意識中，形成慣性。那麼，你就可以自然而然變成擅長某種領域技能的專家。比如，每天練習彈琴，彈久了就會熟練，不用看譜也能彈。讀書準備學測也是一樣，一樣的課文你要重複讀、一樣的習題你要重複做。重點不在於學了啥新知識、新解題技巧，而是要強迫自己形成慣性，將這些知識與技巧壓印進潛意識，那麼，面對問題的時候，就能「熟極而流」的用上你的知識和技巧。

由一群人形成的組織也有慣性，管理學門稱為「組織慣性」。因應時代和外在環境的變遷，組織常常也需要做出改變。然而，總是會有一種力量，隱約中抗拒改變。

領導者好像怎麼推都推不動，或者要很用力才能推動。比如，媽媽決定每天將晚飯時間延後一小時，肯定也有人會喊肚子餓啊！比如，學校若今年忽然決定不辦校慶運動會，改辦演唱會，保證一大堆同學都要起來跳腳抗議。又如，公司決定裁撤某個部門，增設某個部門，即使大家的薪水都不變，也會有一堆人拒絕改變吧！

第二運動定律

　　伽利略從斜坡實驗觀察到，斜面上的物體隨著時間增加越滾越快，代表運動狀態一直在改變。（靜止不動，或維持等速度運動才叫做運動狀態不變）。從牛頓的慣性定律也很容易延伸想像：運動狀態一直在改變的過程中，應該要持續有一種「力」在推動著物體；一旦外力停止，物體的加速就停止，又回復到慣性定律，物體維持一定的速度運動。但是有兩個觀察結果，伽利略在 1642 年逝世前還無法理解：

　　這個斜坡運動的「力」是哪裡來的？

　　而「力」與物體速度的改變呈現怎麼樣的關係？

　　牛頓於 1643 年出生，如同科學接力一般，以兩個重大發明，「萬有引力定律」和「微分法」，對伽利略的兩個疑問提出了解答。

　　從伽利略所測得的斜面實驗數據中，牛頓微分發現，斜面上滾動物體的速度 v(t) 和時間 t 呈現線性關係（一階微分是線性一次式）。更有趣的是，斜面上的物體加速度 a(t) 卻是一個固定數值，和時間 t 的增加無關（二階微分是常數）。

　　而牛頓在更年輕的時候，就已經發現了萬有引力定律。他知道在地球表面上的物體，受到的地球引力也是一個固定數值（常數），應該與斜面上的物體加速度 a(t) 有

關。物體會從斜面落下是被地球的萬有引力吸引了，這個固定數值的地球引力，也會產生了固定數值的加速度 a(t)[1]。

伽利略的斜面實驗集中探討運動中的物體，它的位置是如何隨時間改變（也就是「速度」如何改變）的議題，還不知道物體為何會隨著斜面落下？因此，在牛頓之前，「力」只是一個抽象概念。

牛頓注意到了物體滾下斜面的加速度是個定值，地球引力也是個定值，而地球的引力大小與地球及物體間的質量乘積是有關係的。而地球質量是固定的，所以不同質量的物體其受的「力」則是與物體的質量成正比。因此，牛頓作出了「力」一個非常重要的結論：

一個物體所受的力 f(t) = 該物體的質量 m × 該物體的加速度 a(t)

這個定律幾乎也可以解釋所有的運動學。當一個物體所受的力 f(t) 為 0 時，物體的加速度為 0，物體就會維持著靜止或等速運動的狀態，因此也包含了牛頓第一運動定律。

並且，我們也可以藉由已知質量物體的加速度，量出其所受的力。至此，「力」不再只是抽象的概念，變成是一個具體可計算的物理量。

而力的單位是「牛頓」，是為了紀念他在對「力」定義上的偉大貢獻。一「牛頓」（nt）的定義就是指在質量一公斤的物體上，產生一「公尺／秒^2（m/s^2）」的加速度。

1　科學 online 高瞻自然科學教育平臺，〈從牛頓的時代背景探索第二運動定律〉，行政院科技部科技顧問／瑞典林雪平大學榮譽教授趙光安。

　　延伸閱讀：邱韻如，〈從加速度與 F=ma 的歷史發展探討其對教學的啟示〉，《物理
　　　　　　教育學刊》，2018 年，第十九卷第一期，p. 1-18。

跨領域素養 ▶▶ 力到底是什麼？

　　牛頓第一運動定律是「力」（F, force）的定性定義，描述了什麼狀況下有「力」
（的作用）？什麼狀況下沒有——物體靜止（等速運動）時沒有力，若非等速運動（改
變了速度、方向、形狀等），就是有力的作用。換言之，也可說第一運動定律是第二
運動定律的特例：F=0 則 a=0；a=0 則 F=0。

　　第二運動定律則是力的定量定義，描述了物體受力與加速度間成正比的關係。統
一了在牛頓之前科學家對於力的定義，而主導了力學近三百年的時間。然而，翻閱中
國古籍《墨經》，我們卻看到了「力，形之所由奮也。」這樣的句子，翻成白話文就
是「力，是有形的物體發生運動的原因。」仔細一想，這不就是牛頓第一、第二運動
定律的定性解釋嗎？

　　《墨經》相傳是墨子和他的門下弟子所著。這本書包含了墨子門下哲學、戰略和
工程學等的智慧結晶，說起來，比希臘時代的哲人也晚不了多少。可惜，在戰國結束
後，先被秦始皇焚書坑儒了一次，後來漢朝又獨尊儒術了一次，這些思想始終被排除
在主流之外，而未能發揚光大。

　　把眼光調向古希臘，泰勒斯認為自然界的萬物都有生命，所以會發生運動；也就
是說，運動是自然發生的，而不是因為力的作用。柏拉圖稍微修正了一點點，他認為
自然界隱藏著一個精靈或靈魂之類的東西，驅動著萬物活動，也就是將運動的成因從

「內」轉為「外」了。到了亞里斯多德，力被看做一種「形式」，可以從一個物體發射到另一個物體去，居然跟二十世紀最新的粒子物理學理論有點像了。

　　直到伽利略、牛頓兩大科學家接力，才形成了一套完整的力學理論，主宰了運動力學三百年。

　　然而，我小時候雖然把牛頓力學學得不錯，但心裡還是不免有一些疑惑。比如在日常生活中，用「力」推重物（如：牆壁），重物連動都沒動，有如蜻蜓和石柱。照理來說，a=0，那麼 F=0，也就是說我一點都沒用力囉？

　　後來老師跟我說，看起來雖然重物沒有動。但是在微觀層次，重物卻「變形」了。也就是說，我用力推牆壁時，牆壁「凹」了一點點。這並沒有說服我，因為牆壁又不是海綿或豆腐，一捏就變形。縱使以微觀層次來說，普通人施力就能使物體的分子結構改變，還是不可思議。你想想，燒熔銅牆鐵壁（形變）需要多大的能量？怎麼和普通施力相比。

　　施力後既沒有加速度，也沒有形變，牛頓要怎麼自圓其說呢？

　　後來有很多物理學家，也漸漸找到牛頓力學裡不符合實際觀察的破綻。尤其隨著近代物理的發展，力如果是一種波動，那麼它不可能快過光速；如果力是一種粒子，那麼它到底在哪裡？

　　力的本質是啥？連赫茲或馬赫這種大物理學家，都覺得很令人困惑。但如果否定掉力的存在，那整個牛頓力學的大廈都要垮掉。所以，目前為止，我們可以先把力當作一種用來運算的「概念」，它是一種向量，有方向、有大小，而不討論它的本質。

第三運動定律

研究單一物體在不受力及受力情況下的運動狀態的問題後，下一個會想研究什麼問題呢？牛頓開始思考兩個物體間的相互作用，總是大小相等、方向相反。也就是說，每一個作用力都會對應著一個相等反抗的反作用力，得到下面的推論：

1. 作用力與反作用力兩者在本質上是相同的力。
2. 作用力與反作用力，是用在不同的物體上的。

在這要注意一個迷思：很多同學會以為作用力與反作用力兩者相等、方向相反所以會互相抵消。但作用力的施力體就是反作用力的受力體，而作用力的受力體是反作用力的施力體，兩個力是作用在不同物體上，所以是不會互相抵消的。

若以運動會拔河比賽來解釋。左邊為 A 隊，右邊為 B 隊。假設 A 隊正以穩定的速度成功將 B 隊拖往左邊等速移動。此時 A 隊拖拉著 B 隊，則 B 隊同樣地也被 A 隊拖拉。而 A 隊感受到來自於 B 隊的繩索張力 T_{AB} 是源自於 B 隊相對於地面拖拉的力 f_{BG}，而 f_{BG} 試圖朝著 B 隊的方向（稱為右方）拖拉 A 隊。類似的概念，B 隊感受到來自於 A 隊的繩索張力 T_{BA} 是源自於 A 隊相對於地面拖拉的力 f_{AG}，其試圖朝著 A 隊的方向（稱為左方）拖拉 B 隊。T_{AB} 會阻礙 A 隊向左方移動，反之，T_{BA} 則會使 B 左方移動。

而當 A 隊與 B 隊朝著左方呈等速運動前進時， 此時意味繩張力 T_{BA} 恰巧抵消了 B 隊遭遇的摩擦力 f_{BG}（朝著右方），所以沒有淨力（兩力抵消了）使其加速或減速，繩張力 T_{AB} 則與地面施加於 B 隊的摩擦力 f_{AG}（朝著左方）抵消，淨力也等於零，因此 A 隊與 B 隊才能朝著左方的方向呈等速運動。注意到 f_{AG} 與 T_{AB} 不是一對作用力與反作用力，所以可以互相抵消；但地面施加與 A 隊的摩擦力 f_{GA} 與 A 隊施加於地面的摩

擦力 f_{AG} 則是一對作用力與反作用力，不可以互相抵消。同樣地，f_{BG} 與 T_{BA} 不是一對作用力與反作用力，也可以互相抵消；地面施加與 A 隊的摩擦力 f_{GB} 與 B 隊施加於地面的摩擦力 f_{BG} 則是一對作用力與反作用力，也不可以互相抵消。

　那最初假設比賽開始前 A 隊與 B 隊都處於靜止狀態，B 隊為何會往左邊移動呢？主要是因為 B 隊感受到來自於 A 隊的張力 T_{BA} 大於 B 遭遇的摩擦力 f_{BG}，因此 B 感受到的淨力（$T_{BA}-f_{BG}>0$），則會使 B 能夠改變原來靜止的狀態往左邊移動。

▲　**圖三**　**A** 隊（左邊）與 **B** 隊（右邊）拔河時的力圖

思考問題 ▶▶ 萬有引力定律與第三運動定律

請從萬有引力定律，思考與牛頓第三運動定律之關係？

參考答案

　　由牛頓萬有引力的公式中：$F_{M(m)}=F_{m(M)}=GMm/R^2$　，大家會發現若是以地球的觀點測太陽對於地球的引力，或者是以太陽的觀點測地球對太陽的引力，都會是一樣的值，因為 Mm=mM。從中也可以聯想到，兩個作用力並非是互相獨立的力，這與牛頓第三運動定律所提到：「每一個作用力都對應著一個相等反抗的反作用力；或者，兩個物體彼此之間的交互作用力總是大小相等、方向相反」有著關聯性。所以，萬有引力公式其實已經蘊含了牛頓第三運動定律中相互作用力的概念。如太陽和地球兩者間相互的引力，就是大小相等、方向相反的作用力與反作用力的關係。

延伸閱讀：趙光安，〈我猜牛頓是這樣得到第三運動定律〉https://case.ntu.edu.tw/blog/?p=30902

探究與實作 ▶ 下沉塔（**Falling Tower**）

參考資料：2020 第三屆全國高中物理探究實作競賽題目

　　https://www.youtube.com/watch?v=cnJQ11aDYwo

　　將相同的盤一個堆疊在另一個上面而形成獨立塔。突然施加一水平力來移除最底層的盤，使得塔的其餘部分（下沉塔）能直落到表面，而能保持站立。研究影響保持站立不倒的條件與相關參數。

▲ 圖四　下沉塔實驗示意圖

3-3　天體運動

本節對應課綱			
主題	次主題	學習內容	學習內容說明
物質系統	力與運動	PEb-Vc-3 克卜勒行星運動三大定律發現的歷史背景及內容。	3-1 簡單介紹克卜勒三大定律發現的歷史背景及內容。 示範實驗：力學能守恆與運動 可說明克卜勒定律是累積前人觀測資料之歸納性結果。
自然界的現象與交互作用（K）	萬有引力（Kb）	PKb-Vc-1 牛頓運動定律結合萬有引力定律可用以解釋克卜勒行星運動定律。 PKb-Vc-2 物體在重力場中運動的定性描述。	1-1 說明可以從牛頓運動方程式及平方反比重力解釋克卜勒行星運動定律。 ‧ 可略加說明：由牛頓運動方程式與平方反比重力解釋克卜勒定律是演繹式之推導，而克卜勒定律則是歸納式的推論。這兩種方法都是研究科學的重要方法。

本節所對應課綱中可有的學習表現：

ti-Vc-1　能主動察覺生活中各種自然科學問題的成因，並能根據已知的科學知識提出解決問題的各種假設想法，進而以個人或團體方式設計創新的科學探索方式，並得到成果。

（Ex：牛頓運動方程式與平方反比重力解釋克卜勒定律是演繹式之推導，而克卜勒定律則是歸納式的推論。這兩種方法都是研究科學的重要方法。）

tr-Vc-1　　能運用簡單的數理演算公式及單一的科學證據或理論，理解自然科學知識或理論及其因果關係，或提出他人論點的限制，進而提出不同的論點。
　　　　　　（Ex：牛頓運動方程式與平方反比重力數學式，都是簡單的數理演算公式。）

tc-Vc-1　　能比較與判斷自己及他人對於科學資料的解釋在方法及程序上的合理性，並能提出問題或意見。
　　　　　　（Ex：可嘗試搜尋克卜勒、第谷、伽利略等人當年的對話與對彼此的批判討論。）

an-Vc-1　　了解科學探究過程採用多種方法、工具和技術，經由不同面向的證據支持特定的解釋，以增強科學論點的有效性。
　　　　　　（Ex：第谷使用自製的觀測工具，長期觀測才得到足夠的數據資料支持他們的解釋，同時增強科學論點的有效性。）

克卜勒行星運動三大定律

　　德國天文、數學家約翰尼斯・克卜勒於 1600 年時，曾擔任著名丹麥天文學家第谷・布拉赫的助手。在第谷過世後，克卜勒透過所觀察及蒐集的天文資料，大約於 1605 年發現行星運動的定律。他於 1609 年出版的《新天文學》科學雜誌上發表了關於行星運動的兩條定律；又於 1618 年，發現了第三條定律[2]。

　　早期希臘的哲學家們，包括亞里斯多德，基於人們的直觀思維，都希望能用對稱、簡潔的概念來描述和理解所觀測到的自然界的天體運行。因此，認為所有的天體運動都應是圓周運動，或是圓周運動組合成的運動。千年來這樣的學說也沒有人去提出質疑，到了十六世紀，無論地心體系或者日心體系，都還是以完美的來理解與描述天體

2　維基百科：克卜勒定律。

運動。但克卜勒以第谷的觀察結果來做分析推論，而不去全然相信前人的模型；進而發現，若以日心體系來解釋較能符合觀察數據，但還是會與某些觀測資料有誤差。他堅信應以正確觀測的分析結果來建構新的模型，選擇了提出修正等速運行的圓形軌跡模型。

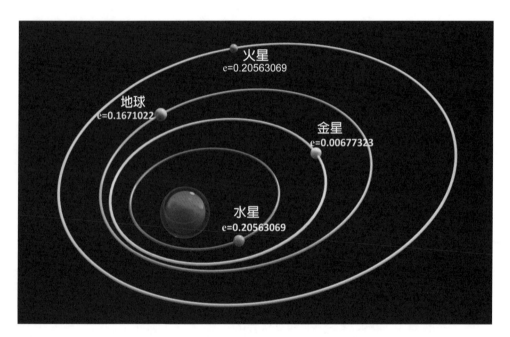

▲　圖五　行星軌道示意圖，e 為軌道的離心率

　　幸運的是，當時第谷的觀測資料以火星為主，而火星軌道的軌跡明顯比金星的軌

道的離心率大許多（離心率的意義可以解釋為形狀從圓形偏離了多少的程度），克卜勒才有機會將行星軌道從圓形軌道修正成橢圓形軌道。若當時第谷的觀測資料以金星為主，那行星軌道模型的修正，又不知會多少年後才會有人提出了──這就是科學史上所謂的「必然中的偶然」。

　　克卜勒的第一定律，也稱為橢圓定律、軌道定律，就是依據上述的觀察資料分析而來的。每一個行星都沿著各自的橢圓軌道環繞太陽，而太陽則處在橢圓的一個焦點中。

　　這是打破千年來既有星體運動概念的重要突破。

　　克卜勒的第二定律，也稱為等面積定律：在相等時間內，太陽和行星連線所掃過的面積都相等。因此，火星運行的速率不均等，在近日點快，遠日點慢。

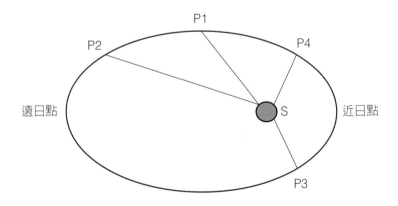

▲ 圖六　等面積定律示意圖，行星在近日點快，遠日點慢

　　上述這兩條定律，發表於 1609 年出版的《新天文學》。也是讓克卜勒由皇帝身邊的占星術顧問，轉型成為天文學家的一部重要著作。

　　克卜勒的第三定律，也稱為週期定律：各個行星繞太陽公轉週期的平方和它們的橢圓軌道的半長軸的立方成正比。也就是說，若行星與太陽之間的平均距離是 R，行星的週期是 T，那麼 R^3/T^2 = 常數。

　　由這一定律導出：行星與太陽之間的重力與半徑的平方成反比。這也被認為是牛頓萬有引力定律的重要基礎。

　　克卜勒這三個定律雖還不能解釋行星為何會是以橢圓形的軌道運行，也無法解釋行星為何會在軌道上進行有時運轉快（近日點），有時運轉慢（遠日點）的問題，但已經為當時的天文學及物理學界投下了一枚震撼彈。

　　比如，克卜勒行星的面積律與週期律，對牛頓的萬有引力定律便有所啟發。牛頓從這些結果中推論，行星會受到一個指向太陽，並與至太陽距離平方成反比的力之作用。而因為月亮繞地球、木星衛星繞木星等也都符合各自的面積律與週期律，可以推論這樣的力應該存在於任意兩星體間。兩星體間皆有與彼此距離平方成反比的作用力相互吸引。

　　克卜勒從實驗數據出發（而非猜想或跟隨前人的必然），對行星繞太陽的運動給出了一個在定性上正確的描述。也解決了許多天文學家如哥白尼、伽利略無法解釋的許多天文現象。克卜勒三大定律的科學發展史，也常被作為讓大家理解科學就是所有既有概念（即使維持了千年），都有可能在新實驗證據中被打破或再修正的一個經典的例子。你現在相信的，或許以後都會被修正。

思考問題 ➡ 實驗觀察與理論分析哪個重要？

請同學查詢科學史，查一查除了克卜勒分析第谷的觀察資料進而發現三大定律的例子外，還有沒有其他重大的科學發現也是藉由觀察者的實驗數據進行分析，進而提出討論而得的成果？

參考答案

愛因斯坦獲得諾貝爾獎的貢獻是光電效應，但許多人不知道，其實光電效應的實驗並不是愛因斯坦所做的。這個實驗結果其實早在 1887 年，赫茲和 Hallwachs 就觀察到若使用可見光或紫外線照射某些材料時，表面會放出陰極射線，即是電子，就是所謂的光電效應，根據古典物理，這是因為光線提供了足夠的能量，讓電子可以擺脫物質的吸引力，但卻有幾個無法解釋的現象持續發生。

愛因斯坦在 1905 年發表了一篇重要論文〈Concerning an Heuristic Point of View Toward the Emission and Transformation of Light〉，Heuristic 的意思是「直覺」、「猜想」，他怎麼猜呢？

當時他是一個專利審查員，並沒有實驗室設備。他使用浦郎克當時尚未有確切證據的幸運的假設：「光是一種粒子」，成功的重新分析解釋了赫茲和 Hallwachs 的光電效應結果，而使得光粒子的概念更加獲得大家的認可。

從科學發展的歷程上發現，不同階段的科學研究可以不同的形式進行。當有人抱怨身邊儀器不夠好，所以不能做好的研究時，或許也可以用另一個角度「猜

一猜」，也能夠對科學做出貢獻。

　　至於觀察與分析哪個貢獻重要？理論與實驗哪個重要？或許可以從歷年諾貝爾獎得主的貢獻，好好辯論一番。但也請記住，這些獎項都是委員投票出來的，每個人有每個人的觀點，不見得一致。當然你可以有自己的觀點！

跨領域素養 ▶▶ 伽利略與克卜勒的時代

　　被霍金稱為「自然科學之父」的伽利略（1564~1642）和「天空的立法者」克卜勒（1571~1630），大約是同一個時代的人物（克卜勒比伽利略晚生早死）。那個時代的人均壽命不到 40 歲，對比同一時代營養最好、生活最優渥的人物，如明萬曆皇帝朱翊鈞（1573~1620），兩位都可說是長壽的長輩。

　　這時代也是大航海時代（十五至十七世紀），歷經三個世紀的探索，西方人已經發現世界所有大陸，並展開貿易和殖民活動。當時他們與亞洲最主要的貿易國家是中國和日本。先說日本，正值戰國時代尾聲，同時代人、物、事是常在影視動漫中常看到的織田信長、豐臣秀吉、德川家康……英雄。最終德川家康終結了戰國時代，開創幕府並鎖國，不與西方人來往。

　　眼光調回中土大陸，當時正是明朝末年，萬曆皇帝當政。他三十年不上朝，導致黨爭。大明由盛而衰，終至滅亡。李自成攻陷北京，清兵入關，正好是伽利略逝世後兩年的 1644 年。而鄭成功驅逐荷蘭人，攻取臺灣則是在 1647 年。

　　關於明朝的衰亡，有一本很重要的歷史著作（社會科很可能會考的意思啦！）

叫做《萬曆十五年》（*1587, a Year of No Significance: The Ming Dynasty in Decline*），作者黃仁宇提出了一個觀點：明朝之所以亡，是用「道德」治國，不重視「數字管理」所致。（請注意，社會科不比自然科，往往沒有標準答案，這只能說是黃老師的史觀。）

簡單來說，東方人所謂萬事萬物的道理（也就是「物理」），往往只是道德原則的投射，而不是根據數學；依照這種缺乏根據的「道理」去行事，當然容易失敗囉！記不記得我們在第一章提到，物理是建立在數學定律上的。那才是自然世界的真實規律。

回過頭來，我們再來看伽利略和克卜勒的貢獻，會有更深一層的體悟——伽利略在比薩斜塔上做的實驗和對拋物線的數學推導，最終產生了槍炮技術（可以準確推算炮彈的落點）；而克卜勒對於天體軌道的觀察與推導，則促成了導航技術的進步。這兩者都是未來三百年西方完勝東方的重要關鍵。

克卜勒的墓誌銘上寫：

「我測量過天際，現在我丈量陰影，

我的靈魂原來自天上，我的身體現安息於大地。」[3]

是首非常優美的散文詩，愛好文學的同學可以學著為自己寫一段。

3　Joanne Baker (2013)，李明芝譯，《50 則非知不可的物理學概念》，五南，p. 13。

04

認識學科能力測驗

· · · · · · · · · · · · ·

普通高中學生
最重要的一場測驗

　　大學入學考試的「學科能力測驗」（以下簡稱為「學測」），為了配合108課綱「素養導向」的改革，在自然科的考試中，引進了三項重大變化：

1. 儘量考能力，並非考知識：靠背誦和重複練習沒有用。
2. 跨科、跨領域：自然含四個科目，即物理、化學、生物、地球科學，儘量混在一起考；甚至，混到歷史、地理……社會科去。
3. 重視文本閱讀：長題幹題型等於是先考閱讀測驗。
4. 混合題型：混合選擇題與非選擇題，防止猜答。（排除靠運氣成分）

　　謹以大學入學考試中心（以下簡稱「大考中心」）的官方說明、學測實例，以及試辦試題，加上我們在考招現場的經驗說明如下：

考能力，並非考知識

學科能力測驗自然考科考試說明 ─111 學年度起適用
（https://reurl.cc/oL2q45）

節錄重點

壹、測驗目標

1. 學測自然考科旨在評量考生自然科學的科學認知、探究能力及科學的態度與本質。
2. 自然領綱第五學習階段的物理、化學、生物和地球科學各科必修學分數為 2~4 學分，其中必須包含跨科的探究與實作。

3. 自然領綱著重素養，落實整合、內化與應用，由科學史發展過程了解各重要知識的脈絡，將所學習到的知識應用在生活中，並能正確判別科學相關的社會或新聞議題。

4. 自然領綱必修的探究與實作，針對物質與生命世界，培養學生發現問題、認識問題、問題解決、提出結論及表達溝通之能力，課程內容著重學科間的整合及實作技能，期望能達到學理與實踐相互為用的目標。

5. 自然領綱中的學習表現和學習內容，陳述學生應習得的知識、能力與態度，並不適合直接作為測驗目標。

6. 學測自然考科測驗目標研擬，是參考自然領綱的學習表現和探究與實作學習內容，並配合學科能力測驗的特性和實施條件，轉化成在命題與評量上可執行的項目。

貳、學測自然考科的測驗目標分成五大項

一、測驗考生自然科學的基本知識與概念

測驗考生對教材中所學習到的知識與概念，能知道、理解並內化為有效的資訊。包括重要術語、基本事實、處理事務的程序、科學法則或理論的要義、科學史的發展，以及學科知識之間的連結。本層次可細分如下：

1a. 認識、理解重要的科學名詞和定義。

1b. 認識、理解基本的科學現象、規則、學說、定律。

1c. 認識、理解各階段科學的進展。

1d. 認識、理解學科間共通的原理。

二、測驗考生科學資料和圖表的理解能力

測驗考生理解、整理及判讀科學資料和圖表的能力。考生能夠理解或利用已知的事實與原理法則以解釋資料，例如：能將資料轉換成另一種表達的形式，並說明資料的意義，即是此項能力的一種表現。本層次可細分如下：

2a.　理解文本、數據、式子或圖表等資料的意義。

2b.　找出文本、數據、式子或圖表等資料的特性、規則或關係。

2c.　根據文本、數據、式子或圖表等資料作解釋、比較、推論、延伸或歸納。

三、測驗考生自然科學知識的應用能力

測驗考生應用所學與邏輯推理，對科學方面的學習融會貫通後，進而具有舉一反三的能力。考生能將所學過的原則、方法、概念、原理、定律和理論，運用到不同的情境中，並依據程序步驟解決問題。本層次可細分如下：

3a.　選用適當的資料解決問題。

3b.　根據科學定律、模型，解釋日常生活現象或科學探究情境。

3c.　根據觀察現象或前導實驗結果提出假設，設計實驗以驗證假設。

3d.　應用科學定律、模型，評論探究過程或實驗架構。

四、測驗考生自然科學的分析與歸納能力

測驗考生能根據科學原理、原則，分析與歸納事物間的關係，並建立其組成間或與整體的關聯性。本層次可細分如下：

4a.　根據資料說明、驗證或詮釋重要科學原理。

4b.　針對日常生活現象或科學探究情境，發現問題的因果關係。

4c.　根據事實或資料，整理辨別各種觀點的異同。

4d.　根據資料或科學探究情境，進行科學性分析（包含：觀察、分類、關係或結論）。

五、測驗考生自然科學的綜合與表達能力

測驗考生運用所學形成完整且具體的綜合與表達能力，包括知道科學的本質、影響，以及能進行科學性的評論。考生除了能夠理解並解釋概念或現象，並能由資料中建立所學新知識與舊經驗的連結，能夠綜合性的對事物進行科學性評析。本層次可細分如下：

5a.　根據事實或資料，進行表達與說明。

5b.　根據事實或資料，綜合科學知識，提出評析或思辯。

5c.　根據事實或資料，評價科學對自然環境或人類文明的影響。

背誦和重複練習沒有用

由以上說明可以看出學測的五大項測驗目標當中，除了第一項是測驗知識與概念之外，其餘的四項主要測驗的是理解、應用、分析、歸納、評鑑與表達能力。這些都是傳統的講述式教學中不容易培養訓練的能力，尤其是二至五項的文字說明提到的文本、數據、式子、圖表、生活現象、科學探究情境、事實或資料等內容，都在強調學測試題多為全新素材情境。可以想見絕非傳統的狂刷題本方式，就能確保在學測考試中獲得高分。除了老師的教學要有所轉變，同學的學習模式也要有相對應的因應方式，這也是本書所期望能協助同學獲得的效益。

學力測驗從 1994 年開始實施以來，二十多年來試題已經有明顯的提升與轉變，尤其近年的學測試題已經明顯可以看出極富素養導向試題的精神與企圖心。然而，前面所提到的這些高層次認知能力會怎麼出現在學測試題中呢？以近年的試題為例：

【109 學測試題】

36-40為題組

生活於大自然裡，人們不時可感覺到或看見電的效應，例如靜電放電、閃電。劇烈天氣常伴隨閃電，以致強烈對流及降雨的地區閃電頻率較高。除上述現象外，生物體也利用電來運作，以達成協調的目的。

生物體所有細胞膜的兩側均有電位差，形成膜電位。生物體存活期間，其細胞都維持一定水平的膜電位，以確保細胞內之微環境恆定。神經生物學家觀察細胞膜之電位變化，發現神經細胞受刺激後，細胞膜局部區域的電位會急遽升高。這項電位改變會沿著軸突傳遞，引起神經衝動，也稱為動作電位。動作電位不僅使神經元達成傳遞訊息的目的，也是肌肉收縮的生理基礎。腦的活動需依靠許多神經細胞集體運作。腦波圖即為腦細胞運作時的電壓（電位差）隨著時間變化的紀錄，常用於醫療診斷或神經科學探究。

此外，用電對現代生活不可或缺。日常生活的電能是由其他能量轉換而來，如何有效地將其他能量轉換成電能一直是科技研究重要課題，當能量形式的轉換次數越多，能量損失也越多，因此若能經由一次直接轉換成電能，將可減少能量損失。

（以上叫做「題幹」）

36. 根據上述文章，下列有關閃電現象的敘述哪些正確？（應選 3 項）

    (A)　劇烈天氣所伴隨的閃電現象大多發生在對流層內

    (B)　夏天午後熱對流旺盛，造成的降水容易伴隨閃電

    (C)　冬季東北季風沿地形爬升時，造成的降水不容易伴隨閃電

    (D)　任一種鋒面型態所造成的降水都會伴隨閃電

    (E)　閃電現象只發生在小規模的天氣系統，颱風造成的降水不會有閃電

37. 下列有關細胞膜及其電位之敘述，何者正確？

    (A)　在靜止狀態下，細胞膜的兩側電荷分布相同

    (B)　神經細胞受刺激後，會產生由細胞本體流向軸突的電流

    (C)　神經衝動發生時，軸突上之電位會陸續發生變化

    (D)　動作電位是神經細胞之間所發生的電位變化

    (E)　除了神經元外，其他細胞之膜不會產生動作電位

38. 若將腦部同一位置在四種情況下，以相同比例尺度繪製的腦電波紀錄簡化後如圖 8 所示。已知，下列有關該腦電波紀錄電壓起伏幅度的敘述，何者正確？

    (A)　電壓為電能量，單位為焦耳

    (B)　電壓的單位為安培，是國際單位制的基本量

    (C)　深睡時，電壓起伏幅度最微弱

    (D)　清醒活動時，電壓起伏幅度最強烈，約是 1 mV

    (E)　睏倦入眠時，電壓起伏幅度大於清醒休息時

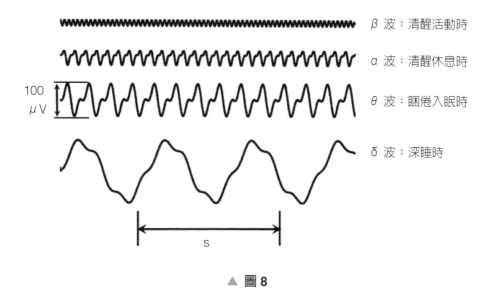

β 波：清醒活動時

α 波：清醒休息時

100 μV

θ 波：睏倦入眠時

δ 波：深睡時

s

▲ 圖 8

39. 依據圖 8 所示，下列關於腦電波的敘述何者正確？

(A) 腦電波的頻率為波長與波速的乘積

(B) 深睡時，腦電波的頻率最高

(C) 深睡時，腦電波的週期大於 2 秒

(D) 睏倦入眠時，腦電波的頻率大於 5 Hz

(E) 清醒活動時，腦電波的頻率最高，大於 1000 Hz

40. 以下哪些屬於一次直接轉換成電能，且能量形式描述正確？（應選 2 項）

(A) 乾電池：熱能→電能

(B) 水力發電：位能→電能

(C)　風力發電：動能→電能

(D)　太陽能電池：光能→電能

(E)　天然氣發電：化學能→電能

跨科、跨領域

　　本題組為 109 學測自然考科的第 36-40 題，為文本閱讀型的跨科試題。這是近十年的學測試題中每年幾乎都會出現的典型文本閱讀題，題組開頭的題幹文字量就超過四百字。同學嘗試作答，可發現題組中的幾道試題都與題幹的內容相關。除了需要具備基本的知識與概念之外，還需要理解文本資料的意義；選用適當的資料解決問題；根據科學定律、模型，解釋日常生活現象或科學探究情境；根據資料或科學探究情境，進行科學性分析（包含：觀察、分類、關係或結論），都是前面測驗說明所提到的高層次認知能力。然而有趣的是，很多同學甚至老師們會以為，只要大量地練習學測考古題，就可以培養解答這類型的試題的能力。然而，每年學測試題都會出現不同的文本或情境，而且量很大。同學平常若沒有更多元的閱讀、思考以及真實情境的遷移練習，很難快速地獲取關鍵資訊，而能分析、綜整、歸納出正確的答題策略。

　　理論上，大學入學考試中心（以下簡稱「大考中心」）應該在 111 年新型學測上路前，先讓大家熟悉試題類型與考試方式。考生或許可以從試辦考試中得到一些經驗；然而，這樣的期待恐怕事與願違。為什麼？說穿了，新學測想考的是素養、是能力，就是不想讓你從「重複練習」考古題中得到好處嘛！

防猜答

　　從最近出爐的 109 年試辦考試學測自然試卷看起來，111 年以後的學測試題會有一定比例的非選擇題與混合題型（選擇題與非選擇題混合）。這些更多元的試題類型，可以有更大的空間發展出評量高層次認知能力的試題，例如：3c. 根據觀察現象或前導實驗結果提出假設，設計實驗以驗證假設、4b. 針對日常生活現象或科學探究情境，發現問題的因果關係、5a. 根據事實或資料，進行表達與說明、5b. 根據事實或資料，綜合科學知識，提出評析或思辯、5c. 根據事實或資料，評價科學對自然環境或人類文明的影響──設計實驗、發現因果關係、表達與說明、提出評析或思辯──要評量這些能力，以往單靠選擇題的學測試題是很難做到的。

再以 109 年試辦考試的試題為例：

43-45題為題組

　　克卜勒根據觀察，認為彗星尾會朝向遠離太陽的方向，是因為受到太陽光施加的壓力，而馬克士威則由理論，推導出電磁波入射到表面或由表面反射（發射）時，對該表面施加的力 F，等於電磁波的功率 W 除以光速 c，即 $F = W/c$；該力的方向，在入射時，與入射方向相同，但在反射（發射）時，則與反射（發射）方向相反。上述的推論在 1901 年被證實與實驗結果一致。根據上文，回答 43-45 題。

43. 一雷射發出的平行光，波長 $\lambda = 540$ nm。若浦郎克常數 $h = 6.6 \times 10^{-34}$ J·s，而雷射光束沿前進方向產生 $F = 1.0$ μN 的力，則此雷射每秒發出的光子數目大約為

下列何者？（2分）

(A)1.2×10^{19}　(B)8.2×10^{20}　(C)1.3×10^{21}　(D)8.1×10^{22}　(E)1.6×10^{23}

44. 一道輻射功率為 W 的平行光向下垂直入射於平面鏡時，反射光的功率為 rW ＜ W。若光速為 c，則平面鏡受到的力為下列何者？（2分）

(A) 0　(B) 量值 rW／c，方向向上　(C) 量值 W／c，方向向下

(D) 量值 (1+r) W／c，方向向下　(E) 量值 (1-r) W／c，方向向下

45. 猶如風力可推動帆船，利用太陽輻射產生的壓力，也可推動稱為太陽帆的太空船，使它在行星間航行。若要你設計太陽帆，則就帆的形狀（包括長、寬、厚的比例、對稱性）與物理特性（包括力學、熱學、光學性質）而言，應符合哪些條件，才較有利於在太陽的輻射與重力下，推動太陽帆在行星間航行？為什麼需要滿足這些條件？每一類別各為 1 分，且只需舉出一項條件與理由即可。（4分）

　　大家看完之後有什麼感覺呢？對還沒學完高中物理的同學們來說，大概就是「無法作答」、「看不懂題目」、「沒有特別的感受」等。然而對完成高中物理課程的考生，甚或是物理老師、教授，看到這道試題至少會感受到，這道試題「很不一樣！」。為什麼呢？ 因為 111 年開始，會出現類似第 45 題的非選擇試題。這種半開放式的問答題，讓很多同學與老師感到棘手。首先，這種試題不像選擇題可以隨便猜一個答案──這其實是很重要的關鍵，以往的學測試題完全都是選擇題，無可避免地會有「猜答效應」，會造成評量上很嚴重的誤差。可以想見，程度差不多的同學，若有人多猜對一題，可能就會有很不一樣的錄取結果（相差幾十個志願序都有可能）。新型學測試題

雖還是保有大量選擇題（還是可以猜，施老師是猜答專家，下冊再分享訣竅），但 8 道非選擇題可以扮演「防猜」、排除運氣成分的重要角色。這些半開放性的非選題，考生要能拿到分數，需要更高層次的理解、應用、分析、評鑑等認知能力；尤其，新課綱的學習表現中有一些能力無法以選擇題型進行評量。例如：ti-Va-1 能獨立察覺各種自然科學問題的成因，並能依不同情況發想各種假設及可行的解決方法，進而以個人或團體方式設計不同的實驗步驟，或創造新的實驗方法。這些都是新試題所要測出的目標。

　　（以上的試題，與其答案、試題分析以及評分標準請自行參閱大考中心網站）https://reurl.cc/QdK6mo

　　由以上說明，大家應可了解末來大考試題的變革方向與評量的重點。除了教學現場的老師們需要有對應的改變之外，同學們的學習方式與心態上也應該有所調整。學習物理的過程不可只偏重考古試題的演練。平時上課認真聽講之外，應該培養更多元的學習能力。學測試題每年幾乎都至少會有一道題幹文字較多的跨科閱讀文本試題（通常在試卷第壹部分的綜合題出現），建議同學們平常要養成閱讀的習慣，最好習慣寫個小分析心得，可以有很大的幫助。另一方面，近年的試題有越來越多的跨領域試題或因應時事的情境題，都需要有更多元的學習歷程以及閱讀經驗才能培養出充足的能力應對這類試題。

祕技　要先讀考題，才回去讀題幹

在考試實戰策略上，我們必須將這類考題都當作先考「閱讀測驗」（國文科），然後才是考你該題想要考的專科能力。國文科老師應該有教過你一個非常重要的祕訣：要先讀考題，才回去讀題幹。（如果沒教過，現在就學起來！）

選擇題魔人施老師教你超恐怖解題法，幾乎不用去理解那落落長的題幹：

以上題（109 年試辦考試第 43 題）為例，不要先讀題幹，你先讀考題就會知道這題本質上不過是：波長 λ = 540 nm。浦郎克常數 h=6.6×10^{-34} J‧s，而光束沿前進方向產生 F=1.0 μN 的力，則此每秒發出的光子數目。

這時，回去題幹找必要資訊，發現有 F =W / c 的公式，可以得到功率 W；然後 C (m/s)=v (1/s)x 波長 (m)，波長找到了，我們就可以算出頻率（1/s）。

再過來，請記得第一章教過的因次祕訣：

浦郎克方程式E=h (J.s) v (1/s)，兩邊各除以時間 (s)，就是 W (J/s)。也就是說，把 W 拿來除以浦郎克常數。當啷，看到 8.4，我連次方都不管，直接選 (B)，賓果，2 分到手。

第 44 題，也是先讀題目，根本不用讀題幹——光垂直向下打平面鏡，施力當然是向下，所以只剩下 (C) (D) (E) 三個選項。我是鐵定不會選 (C) 的啦！為什麼？題目特別弄了一個 r 進來，沒有作用的話，不就發神經。只剩下 (D) (E) 可選。（憑運氣

亂猜都有一半機會中）再想想看，反射出去的光子會有反作用力作用在平面鏡上，選(1+r)，又答對了，恭喜，(D)，又 2 分入手。

第 45 題是問答題，本身就落落長的題幹，等於是小閱讀測驗，直接答，不必回去讀題組的題幹。建議考試時要先把所有選擇題做完，再回來答問答題，可以達到最高得分效率。這道理和寫作文一樣，你要先讓題目和解答在腦中「醞釀」一陣子，讓潛意識幫助你。

延伸閱讀：《三體》，劉慈欣著，科幻推進實驗室。施老師認為，這是十年來最棒的
華文小說，不只是科幻小說。

科學學習工具箱

接下來，盧老師也要拿出王牌物理教師的祕密武器囉！

心智圖

心智圖（英語：Mind Map），又稱腦圖、心智地圖、腦力激盪圖、思維導圖、靈感觸發圖、概念地圖或思維地圖，是一種圖像式思維的工具與一種利用圖像式思考輔助工具來表達思維的工具[1]。在這裡最主要的用途，是拿來幫助你理解較長的科學文章，以及落落長的文本閱讀型考題。

1　維基百科：心智圖。

操作方法

1. 拿空白的紙，橫放。

2. 主題在中央，也可以使用圖像方式呈現。

3. 從右上角畫出第一個支節，第一層主標題的線由粗到細繪製。第二層之後的重點內容，直接畫細線即可。依序畫出第二個、第三個支節，呈現出放射狀的結構。

4. 文字寫在線條的正上方。文字選擇以名詞為主、動詞為副，再加上必要的形容詞與副詞。

5. 可以將心智圖上色，一個支節一種顏色。另外，有畫插圖的地方也可上色。

6. 可針對必要的地方加上圖像，使心智圖更圖像化。

範例：夢溪筆談 —— 古人鑄鑑

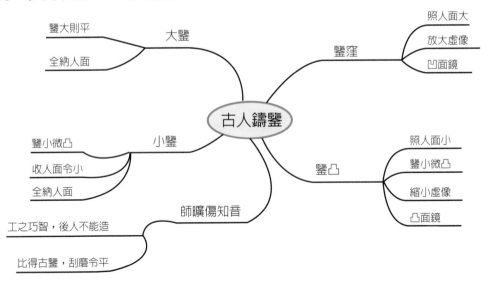

範例：**電磁感應**

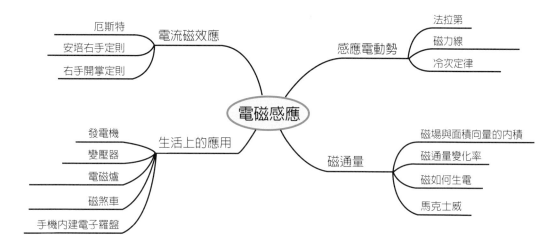

閱讀理解九宮格

　　PISA（the Programme for International Student Assessment）國際學生能力評量計畫，為 OECD（Organisation for Economic Co-operation and Development）經濟合作開發組織自 1997 年起籌劃，此跨國評量計畫從終身學習的面向來看待教育的真諦；包含正式與非正式的環境，諸如正規課程、課外社團、家庭環境、學校氣氛等[2]。其中，針對閱讀素養，PISA 提供了三層式的評估方法，剛好可以用來當作我們增強理解科學文本及閱讀測驗來使用。

2　臺灣 PISA 國際研究中心 http://pisa.nutn.edu.tw/pisa_tw.htm

Lv1　擷取與檢索：「找一找」，提取訊息，從文章中找出關鍵詞。

Lv2　統整與解釋：統整就是「說出重點」；解釋就是「為什麼？」或「想一想」，推論訊息。

Lv3　省思與評鑑：「我認為……」

　　盧老師在幾次閱讀理解的課程嘗試之後，整合了 PISA 的三層次，引入了「閱讀理解九宮格」（也不一定是三層、九格，可自由增加）──比起之前制式的閱讀筆記方式，更能引導學生們的閱讀理解，將文本內容以不同層次的表格呈現出來，可以一目了然的全盤檢視文本想傳達的意涵。平常多加練習，可以培養科學文本的閱讀理解能力，也較能看到文本片段的不同解讀方式。（這一招反過來拿來寫作文，也很有用喔！）

Lv1 擷取與檢索	找一找關鍵字 提取訊息	比如： 場景（人、事、時、地、物） 科學名詞
Lv2 統整與解釋	說出重點 為什麼？	推論訊息
Lv3 省思與評鑑	我認為……	詮釋整合 比較評估

示例

　　西元 1675 年，比利時化學家海爾蒙特（Jan Baptista van Helmont, 1577-1644）進行了著名的「柳樹實驗」。關於他對這個實驗的敘述，節錄如下：

　　「我拿了一個陶器，放入事先以火爐烘乾的土 200 磅，澆上雨水濕潤土壤後，於其中種入 5 磅重的柳樹枝幹。最後，五年過去了，柳樹成長至重約 169 磅 3 盎司。我只在必要的時候用雨水或蒸餾水澆灌。為防止灰塵混入土中，我用一塊表面鍍錫並且有許多小孔的鐵板蓋住陶器口。我沒有計算過去四個秋天裡落葉的重量。最後，我再度將陶器中的土壤烘乾，發現同樣是 200 磅，但少了約 2 盎司。因此，那 164 磅的木材、樹皮和樹根都『只』由水生成。」

文中重要字詞（圈出學科知識）	場景（人、事、時、地、物）	
生成（以現在）、陶器、雨水、土壤、柳樹枝幹、蒸餾水、鍍錫鐵板、陶器口	海爾蒙特，1675 年，種植柳樹，陶器	
Lv1 提取訊息	Lv1 提取訊息	
上下文連結、因果關係	代名詞與主詞、人與物之間的關係	
乾燥土壤、防止灰塵、澆灌雨水、蒸餾水、柳樹成長增重 蓋鐵板 => 額外物質進入土中 落葉重量 => 樹增加的重量	澆水使柳樹成長 柳樹枝幹 => 木材、樹皮、樹根 +（樹葉）	
Lv2 推論訊息	Lv2 推論訊息	
全文大意歸納（主題確認）	某些語氣或氣氛的詮釋	文中人、物可能的特質、行為與發展性
控制土壤灰塵的變因，只澆水即可使柳樹成長，所以柳樹只由水生成	沒有計算落葉重量 土壤的重量少了約 2 盎司	木材只由水生成，如何進一步由其他實驗驗證？ 人類如何意識到空氣中的物質參與植物的生長？
Lv3 詮釋整合	Lv3 詮釋整合	Lv3 詮釋整合
用自己的知識或經驗比較、批判（真實性）	揣測作者的寫作目的或立場	
控制變因並沒有確實控制 操縱變因、應變變因未確實定量 忽略土壤質量減輕 2 盎司	以定量實驗驗證植物生長的必要條件	
Lv4 比較評估	Lv4 比較評估	

接著，以 109 年學測試題的文本來示範用法：

36-40為題組

　　生活於大自然裡，人們不時可感覺到或看見電的效應，例如：靜電放電、閃電。劇烈天氣常伴隨閃電，以致強烈對流及降雨的地區閃電頻率較高。除上述現象外，生物體也利用電來運作，以達成協調的目的。

　　生物體所有細胞膜的兩側均有電位差，形成膜電位。生物體存活期間，其細胞都維持一定水平的膜電位，以確保細胞內之微環境恆定。神經生物學家觀察細胞膜之電位變化，發現神經細胞受刺激後，細胞膜局部區域的電位會急遽升高。這項電位改變會沿著軸突傳遞，引起神經衝動，也稱為動作電位。動作電位不僅使神經元達成傳遞訊息的目的，也是肌肉收縮的生理基礎。腦的活動需依靠許多神經細胞集體運作。腦波圖即為腦細胞運作時的電壓（電位差）隨著時間變化的紀錄，常用於醫療診斷或神經科學探究。

　　此外，用電對現代生活不可或缺。日常生活的電能是由其他能量轉換而來，如何有效地將其他能量轉換成電能一直是科技研究重要課題，當能量形式的轉換次數越多，能量損失也越多，因此若能經由一次直接轉換成電能，將可減少能量損失。

36. 根據上述文章，下列有關閃電現象的敘述哪些正確？（應選 3 項）

    (A)　劇烈天氣所伴隨的閃電現象大多發生在對流層內

    (B)　夏天午後熱對流旺盛，造成的降水容易伴隨閃電

    (C)　冬季東北季風沿地形爬升時，造成的降水不容易伴隨閃電

(D)　任一種鋒面型態所造成的降水都會伴隨閃電

(E)　閃電現象只發生在小規模的天氣系統，颱風造成的降水不會有閃電

37. 下列有關細胞膜及其電位之敘述，何者正確？

(A)　在靜止狀態下，細胞膜的兩側電荷分布相同

(B)　神經細胞受刺激後，會產生由細胞本體流向軸突的電流

(C)　神經衝動發生時，軸突上之電位會陸續發生變化

(D)　動作電位是神經細胞之間所發生的電位變化

(E)　除了神經元外，其他細胞之膜不會產生動作電位

38. 若將腦部同一位置在四種情況下，以相同比例尺度繪製的腦電波紀錄簡化後如圖 8 所示。已知 ，下列有關該腦電波紀錄電壓起伏幅度的敘述，何者正確？

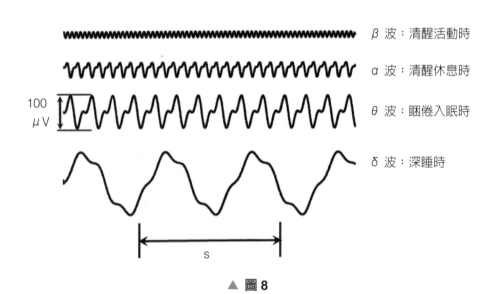

▲ 圖 8

(A) 電壓為電能量，單位為焦耳

(B) 電壓的單位為安培，是國際單位制的基本量

(C) 深睡時，電壓起伏幅度最微弱

(D) 清醒活動時，電壓起伏幅度最強烈，約是 1 mV

(E) 睏倦入眠時，電壓起伏幅度大於清醒休息時

39. 依據圖 8 所示，下列關於腦電波的敘述何者正確？

(A) 腦電波的頻率為波長與波速的乘積

(B) 深睡時，腦電波的頻率最高

(C) 深睡時，腦電波的週期大於 2 秒

(D) 睏倦入眠時，腦電波的頻率大於 5 Hz

(E) 清醒活動時，腦電波的頻率最高，大於 1000 Hz

40. 以下哪些屬於一次直接轉換成電能，且能量形式描述正確？（應選 2 項）

(A) 乾電池：熱能→電能

(B) 水力發電：位能→電能

(C) 風力發電：動能→電能

(D) 太陽能電池：光能→電能

(E) 天然氣發電：化學能→電能

心智圖

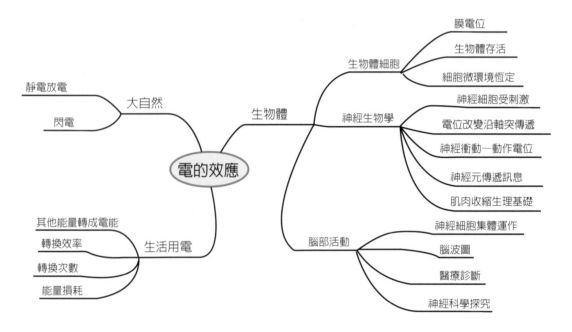

閱讀理解九宮格

文中重要字詞（圈出學科知識）	場景（人、事、時、地、物）	比較及對照文章訊息
大自然、電、靜電放電、閃電、強烈對流、降雨、生物體、細胞膜、電位差、膜電位、神經衝動、動作電位、神經元、肌肉收縮、腦波圖、生活用電、能量轉換、能量損失、有效轉換	劇烈天氣、強烈對流、閃電頻率較高 生物體、細胞膜、膜電位、存活期間、固定電位 神經生物學、受刺激、電位急遽升高、沿軸突傳遞、神經衝動、動作電位 腦波圖、腦細胞運作、電壓隨時間變化、醫療診斷、神經科學探究 生活用電、其他能量轉換成電能、有效轉換	大自然的電 vs. 生物體的電 vs. 生活用電
Lv1 擷取與檢索	Lv1 擷取與檢索	Lv1 擷取與檢索
在一串的論點後，歸納出重點	**上下文連結、因果關係**	**全文大意歸納（主題確認）**
膜電位、細胞受刺激 => 電位改變 => 細胞傳遞訊息 => 腦波圖 => 醫療診斷	大自然裡電的運作、生物體內電的運作、生活用電的電能轉換	電的概念
Lv2 統整與解釋	Lv2 統整與解釋	Lv2 統整與解釋
詮釋文中訊息在真實世界的適用性	**用自己的知識或經驗比較、批判（真實性）**	**找出作者的觀點**
腦細胞運作的觀察方法 有效的能量轉換	劇烈天氣伴隨閃電的機制？ 腦細胞的電位變化如何測量？ 如何一次直接轉換成電能？	藉由三種不同的環境說明電的運作與效用
Lv3 省思與評鑑	Lv3 省思與評鑑	Lv3 省思與評鑑

　　當然，這兩種工具需在平常練習時使用；考試當下，你應該沒有時間和餘裕做這麼完整的圖表。而且要記得，學測的答案卷上不可以畫任何不相關的圖案喔！會扣分。

§ 參考書籍 §

史帝芬‧品克（2006），《心智探奇》，韓定中、劉倩娟譯，臺灣商務印書館，
　　2006，ISBN：9570520167。

黃仁宇（1985），《萬曆十五年》，食貨出版，1985，ISBN：9578876017。

Joanne Baker (2013)，《50 則非知不可的物理學概念》，李明芝譯，五南出版，
　　ISBN：9789571169972。

林秀豪編（2019），《物理（全）》冊，龍騰出版社。

Beiser and K. W. Cheah (2015). *Concepts of Modern Physics*, McGraw-Hill
　　Education, ISBN: 9789814595261